Duden

WORT-FRIEDHOF

WÖRTER, DIE UNS FEHLEN WERDEN

Dudenverlag
Berlin

Die **Duden-Sprachberatung** beantwortet Ihre Fragen zu Rechtschreibung, Zeichensetzung, Grammatik u. Ä.
montags bis freitags zwischen 09:00 und 17:00 Uhr.
Aus Deutschland: **09001 870098** (1,99€ pro Minute aus dem Festnetz)
Aus Österreich: **0900 844144** (1,80€ pro Minute aus dem Festnetz)
Aus der Schweiz: **0900 383360** (3,13 CHF pro Minute aus dem Festnetz)
Die Tarife für Anrufe aus den Mobilfunknetzen können davon abweichen.
Den kostenlosen Newsletter der Duden-Sprachberatung können Sie unter www.duden.de/newsletter abonnieren.

Bibliografische Information der Deutschen Nationalbibliothek
Die Deutsche Nationalbibliothek verzeichnet diese Publikation in der Deutschen Nationalbibliografie; detaillierte bibliografische Daten sind im Internet über http://dnb.d-nb.de abrufbar.

Bibliographisches Institut GmbH, Mecklenburgische Straße 53, 14197 Berlin

Redaktionelle Leitung Anette Auberle
Redaktion Dr. Hildegard Hogen
Herstellung Monika Schoch

Typografie Horst Bachmann, Weinheim
Umschlaggestaltung Büroecco, Augsburg
Satz Bibliographisches Institut GmbH, Mannheim
Druck und Einband CPI books GmbH
Birkstr. 10, 25917 Leck

Printed in Germany
ISBN 978-3-411-71693-7
Auch als E-Book erhältlich unter: ISBN 978-3-411-90560-7
www.duden.de

Vorwort

Unsere Sprache wandelt sich kontinuierlich. Was uns heute als geläufiger Wortschatz erscheint, wird möglicherweise bereits in hundert bis zweihundert Jahren in Vergessenheit geraten sein. Ohne Unterlass entstehen neue Wörter, breiten sich aus, werden zum Allgemeingut und veralten allmählich.

Das Hauptaugenmerk der Duden-Wörterbücher liegt auf der Dokumentation der Gegenwartssprache. Im vorliegenden Wörterbuch soll jedoch einmal der Blick in die Vergangenheit gerichtet werden: auf all die schönen Wörter, die uns möglicherweise aus der Kindheit oder aus der Lektüre älterer Texte noch bekannt sind, die wir aber selbst nicht gebrauchen und auch schon seit Jahren nicht mehr gehört haben: *Maulschelle, Kurzweil, Damenbekanntschaft, Sommerfrische*. Viele von diesen Wörtern sind deshalb nicht mehr gebräuchlich, weil die Sache oder der Sachverhalt, den sie bezeichnen, völlig unüblich geworden ist – wie die *Frisierkommode* oder die *Landpartie*. Andere Wörter spiegeln unsere heute veränderte Auffassung wider: Kein Mensch würde heute eine gebildete Frau als *Blaustrumpf* bezeichnen. Und wieder andere Wörter sind deshalb verschwunden, weil neue, modernere Bezeichnungen aufgekommen sind: Zur *Vorführdame* sagt man heute Model, zur *Leibesertüchtigung* Sport und zum *Backfisch* Teenie.

Andere Wörter sind uns heute schon völlig unbekannt: Was könnte *Arbeitersekt* sein, was eine *Entwarnungsfrisur?* Was ist mit *chaperonieren* gemeint?

Eines verbindet die Wörter der vorliegenden Auswahl: Es sind allesamt Wort-Schätze, die von einer früheren, heute verschwundenen Welt zeugen.

Wir wünschen viel Vergnügen bei der Lektüre!

Mannheim, im April 2012
Die Dudenredaktion

A

Abc-Buch, das [zu Abc]: *Lesebuch, nach dem die Schüler der ersten Klasse lesen und schreiben lernen.*

ab|de|ri|tisch [auch: ...'rɪ...] ⟨Adjektiv⟩ [nach den Bewohnern der altgriechischen Stadt Abdera, den Abderiten, die schon in der Antike im Ruf der Kleinstädterei standen]: *einfältig, schildbürgerhaft.*

ab|din|gen ⟨Verb; dingte ab, hat abgedungen/*(auch:)* abgedingt⟩: *jemandem etwas abhandeln; etwas durch Vereinbarung erlangen:* dieses Recht kann mir keiner abdingen.

ab|dos|sie|ren ⟨schwaches Verb; hat⟩ [zu französisch dos = Rücken]: *abschrägen.*

Abend, der; -s ⟨ohne Plural⟩: *Westen:* der Wind weht von Abend her.

Abend|sei|te, die: *Westseite.*

ab|kar|gen, sich ⟨schwaches Verb; hat⟩ (gehoben): *absparen:* sich etwas von seinem geringen Lohn, vom Munde abkargen.

Ab|wasch|schaff, das [mittelhochdeutsch schaf = offenes Gefäß; Kornmaß; kleines Schiff, althochdeutsch scaph = Gefäß, ursprünglich = Ausgehöhltes, verwandt mit schaffen] (süddeutsch, österreichisch): *Spülschüssel.*

achar|niert [aʃ...] ⟨Adjektiv⟩ [zu französisch acharner, eigentlich = aufs Fleisch hetzen, zu: chair = Fleisch] (gehoben): *hitzig, erbittert.*

Ae|ro|drom, das; -s, -e: *Flughafen, Flugplatz.*

Af|fen|fett, das ⟨ohne Plural⟩ (umgangssprachlich abwertend): *minderwertiges Fett.*

Äf|fer, der; -s, - [mittelhochdeutsch effer, affære]: *jemand, der andere äfft.*

Äf|fe|rei, die; -, -en [mittelhochdeutsch efferīe, afferīe]: *Irreführung, Täuschung.*

Af|fi|on, das; -s [italienisch affione < türkisch afyon = Opium]: *mit Ambra und Safran zu Dicksaft eingekochtes Opium.*

af|frös ‹Adjektiv› [französisch affreux, zu: affre = Schrecken, Entsetzen < provenzalisch afre, aus dem Gotischen] (bildungssprachlich): *abscheulich, scheußlich, hässlich.*

Af|ter|bil|dung, die: *Halb-, Pseudobildung.*

Af|ter|glau|be, der (Religion): *Irrglaube, Aberglaube.*

Af|ter|mie|te, die: *Untermiete.*

Af|ter|mie|ter, der: *Untermieter.*

Af|ter|mon|tag, der (schwäbisch): *Dienstag.*

Af|ter|mu|se, die: *falsche Muse.*

Af|ter|re|de, die: *üble Nachrede.*

Af|ter|weis|heit, die: *Schein-, Pseudoweisheit.*

Ago|gi|at, der; -en, -en [neugriechisch agōgiátēs, zu griechisch ágein = führen, fahren]: *Pferde-, Maultiertreiber.*

Ak|ti|ve, die/eine Aktive; der/einer Aktiven, die Aktiven/zwei Aktive (umgangssprachlich): *nicht selbst gedrehte Zigarette.*

all|da ‹Adverb›: *ebenda, dort.*

al|ler|art ‹unbestimmtes Gattungszahlwort; indeklinabel›: *allerlei:* allerart schöne Dinge.

al|ler|en|den ‹Adverb›: *überall.*

al|ler|wärts ‹Adverb›: *überall.*

al|ler|we|ge, al|ler|we|gen, al|ler|wegs ‹Adverb› (landschaftlich): *überall und immer, unaufhörlich.*

all|fall|sig ‹Adjektiv›: *etwaig.*

Aloi [aˈlo̯a], der; -s [französisch aloi]: *(gesetzlich festgelegter) Feingehalt einer Münze.*

äl|teln ‹schwaches Verb; ist›: *langsam alt werden:* er ältelt.

Ana|nas|erd|bee|re, die (österreichisch fachsprachlich und ostösterreichisch umgangssprachlich): *Gartenerdbeere mit großen Früchten.*

A

An|geld, das; -[e]s, -er: *Handgeld, Vorauszahlung:* ein Angeld bekommen.

an|hä|gern ‹schwaches Verb; hat› [zu obersächsisch Heger = Sandhügel im Fluss]: *(von Flüssen, Bächen usw.) Sand, Schlamm anlagern.*

Apo|s|tilb, das; -s, - [zu griechisch apostílbein = erglänzen, leuchten]: *bis 1978 gesetzliche Einheit der fotometrischen Einheit der Leuchtdichte.*

Ar|bei|ter|fo|rel|le, die (umgangssprachlich scherzhaft): *Hering.*

Ar|bei|ter|sekt, der (umgangssprachlich scherzhaft): *Mineralwasser.*

Ar|ger, der Arge/ein Arger; des/eines Argen: *Teufel, Satan.*

Ar|kan|po|li|tik, die [zu lateinisch arcanus = geheim]: *Geheimpolitik.*

Asot, der; -en, -en [zu griechisch ásōtos = sittlich verdorben; ausschweifend, eigentlich = nicht zu retten]: *Wüstling, Schlemmer.*

At|ta|che|ment [ataʃ(ə)'mã:], das; -s, -s [französisch attachement]: *Anhänglichkeit, Zuneigung:* sein Attachement an den verehrten Lehrer.

Aus|bund, der, -[e]s: *[Waren]muster.*

aus|fens|tern ‹schwaches Verb; hat› [ursprünglich = den Fensternden (= Fensterlnden) schmähend zurückweisen]: *ausschelten.*

aus|hei|misch ‹Adjektiv› (landschaftlich): *nicht einheimisch; fremdländisch:* ausheimische Produkte.

aus|lo|gie|ren ‹schwaches Verb; hat›: *ausquartieren.*

aus|lu|gen ‹schwaches Verb; hat› (noch landschaftlich): *Ausschau halten, ausspähen:* nach jemandem, etwas auslugen.

Aus|steu|er, die; -, -n ‹Plural selten› [rückgebildet aus aussteuern im Sinne von ausstatten]: *vor allem aus Tisch- und Bettwäsche bestehende Brautausstattung; Heiratsgut:* eine komplette, wertvolle Aussteuer.

Ausbund

»Sie ist ein **Ausbund** an Höflichkeit« – also geradezu ein vorbildlich höflicher Mensch. Während uns eine solche Formulierung, die das Wort »Ausbund« im übertragenen Sinne verwendet, durchaus geläufig bleibt, ist eine andere Bedeutung des Ausbunds völlig verblasst.
Der Ausbund, das war in der Sprache der Kaufleute seit dem 16. Jahrhundert das, was zu Werbezwecken »nach außen« gebunden, also sichtbar, war im Unterschied zum Verpackten, Eingebundenen: ein Warenmuster zur Anschauung für potenzielle Kunden.
Und selbstverständlich war der Ausbund ein mustergültiges Beispiel ohne Fehl und Tadel, sozusagen ein Ausbund an Qualität. Seit die Industrialisierung auch die Verpackung ergriff, wird die Aufgabe des Ausbunds im Wesentlichen durch farbenfrohe bis schrille Ergebnisse der Fotografie übernommen, einschließlich des Garnierungsvorschlags.

Au|to|coat [...koʊt], der; -s, -s: *kurzer Mantel für Autofahrer.*
Au|xi|li|ar|kraft, die [zu lateinisch auxilium = Hilfe, Unterstützung]: *Hilfskraft.*
Aven|tü|re, die; -, -n (bildungssprachlich): *Abenteuer; seltsamer Vorfall.*

B

Bạck|fisch, der; -s, -e [es sind die kleineren, jungen Fische, die sich hauptsächlich zum Backen eignen]: *weiblicher Teenager.*

Bạn|se, die; -, -n, **Bạn|sen,** der; -s, - [mitteldeutsch, niederdeutsch, Herkunft ungeklärt; vgl. gotisch bansts = Scheune] (landschaftlich): *Lagerplatz in einer Scheune oder für Kohlen auf einem Bahnhof.*

bar|bie|ren ‹schwaches Verb; hat› (scherzhaft): *rasieren:* er ließ sich genussvoll barbieren.

be|hufs ‹Präposition mit Genitiv› [ursprünglich Genitiv Singular von: Behuf, später Adverb] (Amtssprache): *zum Zwecke, zu:* behufs des Neubaus; behufs Ihrer weiteren fachlichen Förderung; behufs Feststellung Ihrer Personalien.

Be|rịng, der: *Umkreis:* im Bering.

Be|schlie|ßer, der; -s, -: *Wirtschafter, Verwalter.*

Be|stạ̈t|ter, der; -s, - [zu mittelhochdeutsch bestæten = beständig, stet(ig) machen, Sicherheit leisten] (süddeutsch): *Spediteur.*

be|vẹt|tern ‹schwaches Verb; hat›: *in aufdringlicher Weise vertraut behandeln:* jemanden bevettern.

Bla|gueur [bla'gøːɐ̯], der; -s, -e [französisch blagueur]: *Prahlhans, Aufschneider.*

Blạt|tern ‹Plural›: [mittelhochdeutsch blātere < althochdeutsch blāt(t)ara = Wasser-, Harnblase, Pocke]: *Pocken.*

Blau|strumpf, der: *gebildete Frau, Intellektuelle.*

bles|sie|ren ‹schwaches Verb; hat› [französisch blesser, aus dem Germanischen]: *verwunden, verletzen.*

Blattern

Noch bevor die **Blattern** ausgerottet werden konnten, begann der Niedergang ihrer aus dem Mittelhochdeutschen stammenden Bezeichnung, die nach und nach ersetzt wurde durch das aus dem Niederdeutschen kommende Wort »Pocken«. Die Pocken sind eine hochgradig gefährliche Viruskrankheit, die die Menschheit jahrtausendelang epidemisch befiel und Millionen von Menschen das Leben gekostet hat. Schon seit dem 18. Jahrhundert hat man ihr mit Impfungen entgegengewirkt. Mit Erfolg: Die Pocken sind die einzige Krankheit, die heute als weltweit ausgerottet gilt. Während also die Medizin ganze Arbeit geleistet hat, bleibt für die Sprachwissenschaft eine Aufgabe noch offen: nämlich zu klären, warum eigentlich das Wort »Blattern« in Vergessenheit geriet.

blin|zen ‹schwaches Verb; hat› [mittelhochdeutsch blinzen, wahrscheinlich verwandt mit blinken] (landschaftlich): *blinzeln.*

bloß|fü|ßig ‹Adjektiv›: *barfüßig.*

boi|sie|ren [boa...] ‹schwaches Verb; hat› [französisch boiser, zu: bois = Gehölz, Wald; Holz, aus dem Germanischen]: *täfeln.*

Blaustrumpf

Spätestens seitdem es hierzulande nicht nur erlaubt, sondern auch üblich ist, dass Mädchen und Frauen die gleichen Ausbildungs- und Bildungsmöglichkeiten haben, entwickelte sich der **Blaustrumpf** zum politisch inkorrekten Unwort. Ursprünglich bezeichnete es aus männlicher Perspektive verächtlich eine Frau, die gebildet und (daher vermeintlich) ohne weiblichen Charme war. Es war im 18. Jahrhundert als Lehnwort aus dem Englischen ins Deutsche übernommen worden: Bluestockings, das waren die Teilnehmerinnen eines schöngeistigen Londoner Zirkels um 1750, in dem der Wissenschaftler Benjamin Stillingfleet und dann eben auch die Frauen in blauen Garnstrümpfen statt in den üblichen schwarzen Seidenstrümpfen erschienen.

B

Bon|homme [bɔ'nɔm], der; -s, -s [französisch bonhomme, aus: bon = gut und homme = Mann] (bildungssprachlich): *gutmütiger, einfältiger Mensch, Biedermann.*

borg|wei|se ‹Adjektiv›: *leihweise.*

Bouf|fon|ne|rie, die; -, -n [...i:ən] [französisch bouffonnerie, zu: bouffon = Possenreißer < italienisch buffone = Hanswurst, Possenreißer]: *Spaßhaftigkeit, Schelmerei.*

Bra|ten|rock, der [in Anlehnung an älter: Bratenwams, das man bei Gastmählern trug] (scherzhaft): *Gehrock.*

brau|se|köp|fig ‹Adjektiv›: *leicht aufbrausend:* ein brauseköpfiger junger Mann.

Bro|sa|me, die; -, -n ‹meist Plural› [mittelhochdeutsch brōs[e]me, althochdeutsch brōs[a]ma, ursprünglich etwa = Zerriebenes, Zerbröckeltes, verwandt mit bohren, mittelhochdeutsch born, althochdeutsch borōn, ursprünglich = mit scharfem oder spitzem Werkzeug bearbeiten] (gehoben): *kleiner Krümel (von Brot oder anderem Backwerk):* Brosamen für die Vögel streuen; **Ü** die Brosamen, die von der Herren Tisch fallen (*der Abfall vom Überfluss anderer;* nach Matthäus 15, 27).

Brot|ge|lehr|ter (scherzhaft): *Gelehrter, der seine wissenschaftliche Arbeit nur als Brotberuf betreibt.*

Brouil|le|rie [brujəri:], die; -, -n [französisch brouillerie, zu: brouiller = entzweien, eigentlich trüben, verwischen]: *Misshelligkeit, Zerwürfnis.*

Buh|le, die; -, -n [spätmittelhochdeutsch buole] (dichterisch): *Geliebte.*

bür|den ‹schwaches Verb; hat› [mittelhochdeutsch bürden] (gehoben): *[auf]laden; aufbürden:* alle Verantwortung auf jemanden bürden.

Bü|re, die; -, -n: *Überzug, Bettbezug.*

Bü|ro|list, der; -en, -en (schweizerisch): *Büroangestellter.*

Busch|klep|per, der; -s, -: *sich in Gebüschen versteckt haltender Dieb, Strauchdieb.*

C

Ca|che|nez [kaʃ(ə)ˈneː], das; - [...eː(s)], - [...eːs] [französisch cache-nez, eigentlich = etwas, was die Nase versteckt, zu: cacher, über das Galloromanische zu lateinisch coactare = mit Gewalt zwingen, zusammendrücken und nez = Nase]: *[seidenes] Halstuch.*

Ca|lem|bour, Ca|lem|bourg [kalãˈbuːɐ̯], der; -s, -s [französisch calembour, Herkunft ungeklärt]: *Kalauer.*

Cha|g|rin [ʃaˈɡrɛ̃ː], der; -s [französisch chagrin, zu altfranzösisch graignier = betrüben, aus dem Germanischen]: *Kummer, Verdruss:* in Chagrin geraten.

Chai|se|longue [ʃɛzəˈlɔŋ, ...ˈlõːk], die; -, -n [...ˈlɔŋən, ...ˈlõːgn̩] und -s [...ˈlɔŋs], umgangssprachlich auch: [...ˈlɔŋ], das; -s, -s [französisch chaiselongue, eigentlich = langer Stuhl]: *gepolsterte Liege mit Kopflehne.*

Cham|b|re gar|nie [ˈʃãːbrə -], das; - -, -s -s [ˈʃãːbrə garˈniː] [französisch, aus: chambre = Zimmer und garni = möbliert, eigentlich ausgestattet]: *möbliertes Zimmer, das vermietet wird.*

Chan|ge|ment [ʃãʒəˈmãː], das; -s, -s [französisch changement]: *Vertauschung, Wechsel, Änderung.*

cha|pe|ro|nie|ren ⟨schwaches Verb; hat⟩ [französisch chaperonner, zu Chaperon, aus chape = Umhang, (Schutz)mantel]: *eine junge Dame zu ihrem Schutz begleiten.*

Char|cu|ti|er [...ˈti̯eː], der; -s, -s [französisch charcutier, zu: chair cuite = gekochtes Fleisch] (süddeutsch): *[Schweine]schlachter.*

char|mie|ren ⟨schwaches Verb; hat⟩ [französisch charmer = bezaubern]: *durch seinen Charme bezaubern.*

C

Chi|li|a|de [ç...], die; -, -n [zu griechisch chílioi = tausend]: *Reihe, Zahl von Tausend.*

Christ|mo|nat, Christ|mond, der: *Dezember.*

Co|chon|ne|rie, die; -, -n [französisch cochonnerie, zu: cochon = Sau, Schwein]: *Schweinerei; Unflätigkeit, Zote.*

Coup de Main [kud'mɛ̃:], der; - - -, -s - - [kud'mɛ̃:] [französisch, zu: coup = Hieb, Schlag und französisch main = Hand]: *Handstreich, rascher gelungener Angriff.*

Coup d'État [kude'ta], der; - -, -s - [kude'ta] [französisch, zu: coup = Hieb, Schlag und französisch état = Staat]: *Staatsstreich.*

D

dạ|ken ‹schwaches Verb; hat› (ostösterreichisch umgangssprachlich): *kindisch, dumm reden.*

Da|men|be|kannt|schaft, die: *Bekannte, Freundin eines Mannes:* über seine Damenbekanntschaften schwieg er sich aus; * **eine Damenbekanntschaft machen** (umgangssprachlich; *eine Frau kennenlernen*).

Da|men|zim|mer, das: *den Bedürfnissen einer Frau entsprechendes Zimmer.*

da|nie|den ‹Adverb› [mittelhochdeutsch dā(r) niden, althochdeutsch dār nidana] (dichterisch): *[hier] unten auf der Erde.*

da|r|ein|re|den ‹schwaches Verb; hat› (gehoben): *sich in jemandes Angelegenheiten, in ein Gespräch einmischen und jemandem seine eigene Meinung aufdrängen:* das ist seine Sache, und niemand hat ihm dareinzureden; du kannst nicht immer dareinreden, wenn sie sich unterhalten.

dar|lei|hen ‹starkes Verb; hat›: *als Darlehen geben.*

da|r|ọb [mit besonderem Nachdruck: 'da:...] ‹Adverb› [mittelhochdeutsch dār obe, althochdeutsch dār oba]: *deswegen:* man hatte ihn ausgelacht, und er war darob erbost; er wunderte sich darob *(darüber),* dass ...

da|sẹlbst ‹Adverb› [mittelhochdeutsch dā selb(e)st, dā selbes] (gehoben): *an dieser Stelle, an diesem Ort, da, dort:* geboren 1848 in Mainz, gestorben daselbst 1905.

da|wi|der ‹Adverb› [mittelhochdeutsch da(r)wider, althochdeutsch dar(a) wider(i)] (landschaftlich): *dagegen.*

De|bar|deur [debar'dø:ɐ̯], der; -s, -e [französisch débardeur]: *Schiffsentlader.*

de|bar|die|ren [debar'di:rən] ‹schwaches Verb; hat› [französisch débarder, wohl zu: bard = Tragbahre, aus dem Germanischen]: *eine Fracht ausladen, eine Ladung löschen.*

De|bat|ten|schrift, die ‹ohne Plural›: *Eilschrift.*

De|char|ge [deˈʃarʒə], die; -, -n [französisch décharge]: *Entlastung [von Vorstand und Aufsichtsrat bei Aktiengesellschaften].*

D

de|ga|giert ‹Adjektiv›: *zwanglos, frei.*

Den|kungs|art, die: *Denkart.*

Den|kungs|wei|se, die: *Denkweise.*

de|pla|cie|ren [deplaˈsiːrən] ‹schwaches Verb; hat› [französisch déplacer, zu: place = Platz]: *verrücken, verdrängen.*

de|pre|ti|a|tiv ‹Adjektiv›: *abschätzig, pejorativ.*

der|ma|len ‹Adverb›: *jetzt, zu dieser Zeit.*

der|ma|lig ‹Adjektiv›: *jetzig.*

de|ro ‹indeklinables Pronomen› [althochdeutsch dero = Genitiv Plural von: der, diu, daʒ; ursprünglich Demonstrativpronomen]: *deren.*

de|ro|hal|ben ‹Adverb›: *deshalb.*

de|ro|we|gen ‹Adverb›: *deswegen.*

des|sent|hal|ben ‹Demonstrativ- und Relativadverb›: *dessentwegen.*

De|tail|leur [detaˈjøːɐ̯], der; -s, -s [französisch détailleur]: *Einzelhändler.*

De|tail|preis, der: *Einzelhandelspreis.*

Di|e|ge|se, die; -, -n [griechisch diḗgēsis]: *weitläufige Erzählung, Ausführung, Erörterung.*

die|ser|halb ‹Adverb› (gehoben): *deshalb, deswegen.*

dies|falls ‹Adverb›: *in Bezug auf diesen Fall:* wir müssen diesfalls etwas unternehmen.

die|weil, die|wei|len ‹Adverb›: *in der Zwischenzeit, inzwischen, unterdessen:* die Frauen unterhielten sich angeregt, dieweil lief das Kind weg.

Don|ner|büch|se, die (scherzhaft): *altes, umständlich zu handhabendes Gewehr.*

Dor|nicht, das; -s, -e: *Dornengestrüpp.*

dor|ten ‹Adverb›: *dort.*

dort|selbst [auch: dɔrt'zɛlpst, mit besonderem Nachdruck: 'dɔrtzɛlpst] ‹Adverb›: *an dem bereits genannten Ort, ebendort, daselbst.*

Do|tal|ver|mö|gen, das; -s, - (Rechtssprache): *Mitgift.*

Dou|a|ne [du̯'a:n(ə)], die; -, -n [französisch douane < älter italienisch doana < arabisch dīwān = Zollbüro < persisch dīwān = Schreib-, Amtszimmer]: *Zoll, Zollamt.*

Dra|chen|brut, die (abwertend): *Gruppe von Menschen, die als heruntergekommen, verbrecherisch verachtet, abgelehnt wird; Gesindel.*

drapp, drapp|far|ben, drapp|far|big ‹Adjektiv› [zu französisch drap = Tuch] (österreichisch): *sandfarben* (von Stoffen): ein drappes Kleid.

drei|fäl|tig ‹Adjektiv›: *dreifach.*

Dritt|teil, Dritt-Teil, das; -s, -e: *Drittel.*

Drom|me|te, die; -, -n [spätmittelhochdeutsch drommete, drummette]: *Trompete.*

dün|ken ‹unregelmäßiges Verb; dünkte/(noch älter:) deuchte, hat gedünkt/(noch älter:) gedeucht›: **a)** *jemandem so*

dünken

Wer sich etwas Besseres dünkt, der hat Dünkel. Dabei bildet er sich zu Unrecht etwas auf sich ein, ist hochmütig und hält sich für etwas, was er nach dem Gutdünken (Urteil) seiner Zeitgenossen nun einmal nicht ist. Wem dagegen etwas dünkt oder **dünken** will, der verleiht dem Zweifel an seiner Wahrnehmung unverblümt Ausdruck: Ihm scheint etwas so oder so zu sein, ihm kommt eine Sache so oder so vor: »Mich dünkt, der Regen wird nicht mehr lange auf sich warten lassen.« Ob dünken in der einen oder in der anderen Bedeutung: Gemeinsam ist beiden – wer hätte das gedacht?! – die sprachgeschichtliche Verwandtschaft zum »denken«.

vorkommen, scheinen; **b)** ‹dünken + sich› *sich zu Unrecht etwas einbilden, sich für etwas halten:* du dünkst dich/(seltener:) dir etwas Besseres [zu sein].

dun|ne|mals ‹Adverb› [aus dem Niederdeutschen, zu: dunn = dann, damals] (landschaftlich): *damals:* * **anno dunnemals.**

D

E

Egar|ten|wirt|schaft, Egart|wirt|schaft, die ⟨ohne Plural⟩ [zu bayrisch, österreichisch Egart = Grasland, das in anderen Jahren als Acker genutzt wird; Brache] (bayrisch, österreichisch): *Feldgraswirtschaft.*

Eger|te, die; -, -n (landschaftlich): *Egart.*

ehe|bre|chen ⟨starkes Verb; nur im Infinitiv u. 1. Partizip gebräuchlich⟩ [mittelhochdeutsch ēbrechen] (gehoben): *die Ehe brechen, Ehebruch begehen:* der ehebrechende Partner; (biblisch:) du sollst nicht ehebrechen.

ehe|ges|tern ⟨Adverb⟩ [mittelhochdeutsch ēgester]: *vorgestern.*

Eh|nel, der; -s, - [Verkleinerungsform zu gleichbedeutend mittelhochdeutsch ene, ane, Ahn] (österreichisch): *Großvater.*

Ei|dam, der; -s, -e [mittelhochdeutsch eidem, althochdeutsch eidum, Herkunft ungeklärt]: *Schwiegersohn.*

Ei|er|müh|le, die [weil dabei die Eier = Hoden gequetscht werden können] (derb): *Welle am Reck, bei der die Oberschenkel des männlichen Turners fest an die Reckstange gepresst sind.*

ein|bal|len, ein|bal|lie|ren ⟨schwaches Verb; hat⟩ [nach italienisch imballare < französisch emballer] (Kaufmannssprache): *in Ballen verpacken.*

Ein|ge|bo|re|ner, der Eingeborene/ein Eingeborener; des/eines Eingeborenen, die Eingeborenen/zwei Eingeborene, Ein|ge|bor|ner, der Eingeborne/ein Eingeborner; des/eines Eingebornen, die Eingebornen/zwei Eingeborne [zu eingeboren, von mittelhochdeutsch īn(ge)boren, Lehnübersetzung von lateinisch ingenuus]: *Ureinwohner, fachsprachlich: Autochthoner.*

Ein|glas, das; -es, Eingläser [Lehnübersetzung von französisch monocle]: *Monokel.*

ein|lo|gie|ren ‹schwaches Verb; hat›: *jemandem, sich ein Quartier, eine Unterkunft verschaffen:* jemanden bei sich einlogieren.

Ein|neh|mer, der; -s, -: *jemand, der beruflich Gelder kassiert, einzieht:* Steuern beim Einnehmer bezahlen.

ein|pa|schen ‹schwaches Verb; hat›: *einschmuggeln.*

Ei|sen|bahn|cou|pé, das: *Abteil.*

Ei|sen|bahn|schaff|ner, der: *Zugbegleiter.*

Eis|mo|nat, Eis|mond, der: *Januar.*

Ekel|na|me, der [niederdeutsch ökelname, mittelniederdeutsch okelname, zu: oken = (ver)mehren, aus dem Altnordischen]: *Über-, Spitzname.*

el|bisch ‹Adjektiv› [mittelhochdeutsch elbisch = elfisch]: *geisterhaft, überirdisch.*

Elek|t|ri|sche, die/eine Elektrische; der/einer Elektrischen, die Elektrischen/zwei Elektrische oder Elektrischen (umgangssprachlich): *Straßenbahn.*

Ele|men|tar|buch, das: *Lehrbuch für den Unterricht in der Elementarstufe.*

Em|plette [ãˈplɛt], die; -, -n [französisch emplette, zu: employieren < aus gleichbedeutend französisch employer, dies über vulgärlateinisch implicare = heranziehen; kaufen; aus lateinisch (se) implicare = sich auf etwas einlassen]: *Einkauf von Waren.*

en|ca|nail|lie|ren [ãkanaˈjiːrən], sich ‹schwaches Verb; hat› [französisch s'encanailler] (abwertend): *sich mit Menschen der unteren sozialen Schicht abgeben, sich zu ihnen hinunterbegeben.*

eng|lisch ‹Adjektiv› [mittelhochdeutsch englisch, wohl für lateinisch angelicus, zu Engel]: *auf die Engel bezüglich, die Engel betreffend.*

ent|ra|ten ‹starkes Verb; hat› [mittelhochdeutsch entraten] (gehoben): *auf etwas verzichten; ohne etwas auskommen:* der Geselligkeit entraten; das Buch kann der Werbung entraten; der südlichen Lebensart nicht entraten wollen.

E

englisch

Das Adjektiv **englisch** bezeichnet nicht allein das, was die Sprache und die Lebenswelt der Engländer betrifft, sondern, in einer sehr viel seltener verwendeten Bedeutung, auch das, was die Sprache und die Lebenswelt der Engel angeht: Der Englische Gruß beispielsweise ist Teil des Ave-Maria: »Sei gegrüßt, du Begnadete!«, spricht der Engel Gabriel nach Lukas 1, 28 die Jungfrau Maria an, um sie anschließend von ihrer baldigen Schwangerschaft zu unterrichten. Und Goethe lässt den Ich-Erzähler in seiner »Neuen Melusine« (aus dem »Wilhelm Meister«) verzückt ausrufen: »Englisches unwiderstehliches Wesen!«

Ent|wạr|nungs|fri|sur, die [nach der Entwarnung bei den Luftangriffen im 2. Weltkrieg konnte alles (aus dem Keller) wieder nach oben] (umgangssprachlich): *hochgekämmtes Haar; Hochfrisur.*

Erd|pech, das: *Asphalt.*

Ẹr|ge|tag, der; -[e]s, -e [mittelhochdeutsch er(ge)tac, althochdeutsch nicht belegt, über das Gotische < griechisch Áreōs hēméra = Tag des griechischen Kriegsgottes Ares] (österreichisch mundartlich): *Dienstag.*

er|kẹ|cken, sich ‹schwaches Verb; hat›: *in kecker Weise etwas tun oder sagen, was einem eigentlich nicht zusteht:* ich erkeckte mich, ihm zu widersprechen.

er|la|ben ‹schwaches Verb; hat› [mittelhochdeutsch erlaben]: *erquicken, erfrischen:* jemanden mit einem kühlen Trunk erlaben.

Ẹrn|te|mo|nat, Ẹrn|te|mond, der [mittelhochdeutsch nicht belegt, althochdeutsch aranmānōd]: *August.*

Ẹrn|ting, der; -s, -e: *August.*

er|sịnn|lich ‹Adjektiv›: *sich ersinnen lassend, erdenklich:* auf jede nur ersinnliche Art.

erst|lich ‹Adverb›: *erstens.*

Er|weis, der; -es, -e: *Nachweis, Beweis:* den Erweis für etwas erbringen.

Esels|bank, die ‹Plural ...bänke› (umgangssprachlich): *Sitzbank für die schlechtesten Schüler einer Klasse.*

Es|ka|la|dier|wand, die: *Kletterwand.*

Es|ka|mo|teur [...ˈtøːɐ̯], der; -s, -e [französisch escamoteur]: *Taschenspieler, Zauberkünstler.*

E

Eu|bu|lie, die; - [griechisch euboulía = guter Rat; Klugheit, zu: eũ = gut, wohl und bouleĩn = überlegen] (bildungssprachlich): *Vernunft, Einsicht.*

Eu|se|bie, die; - [griechisch eusébeia, zu: eusebḗs = fromm, gottesfürchtig, zu: sébesthai]: *Gottes-, Götterfurcht, Frömmigkeit.*

eva|vie|ren ‹schwaches Verb; hat› [latinisiert nach französisch évaluer = berechnen, bewerten, (ab)schätzen]: *abschätzen, dem Wert nach beurteilen, bestimmen.*

ewig|lich ‹Adverb› [mittelhochdeutsch ēwiclīche] (dichterisch): *ewig, unaufhörlich, immer:* Gottes Güte währet ewiglich.

F

fal|li̱e|ren ⟨schwaches Verb; hat⟩: *danebengehen, fehlschlagen, misslingen, quergehen, schiefgehen, verunglücken, zahlungsunfähig werden.*

fallieren

Es kann im Leben so manches **fallieren:** die Firma zum Beispiel, ein Kuchen, eine Handarbeit – eben alles, was fehlschlagen, misslingen kann. Der Ursprung des Wortes stammt aus dem Italienischen. In Italien wurden nämlich nicht nur die ersten Banken Europas gegründet, sondern auch die ersten Konkurse verzeichnet – und infolgedessen auch das erste Wort dafür gebildet. Italienisch fallire bedeutet »in Konkurs gehen«, »auf der Strecke bleiben«, »scheitern«, »misslingen«. Und das können nicht nur Firmen, sondern auch Schokoladenkuchen.

Fạll|sucht, die ⟨ohne Plural⟩ (volkstümlich): *Epilepsie.*

Fan|fa|ron [fãfaˈrõ:], der; -s, -s [französisch fanfaron < spanisch fanfarrón, lautmalend; zu arabisch farfār = schwatzhaft; Schwätzer]: *Angeber.*

Fan|fa|ro|na̱|de, die; -, -n [französisch fanfaronnade, zu: fanfaron, dies über span. fanfarrón zu arabisch farfār »schwatzhaft, flüchtig, übereilt«: Großsprecher, Prahler]: *Angeberei, Prahlerei.*

Far|ceur [farˈsø:ɐ̯], der; -s, -e [französisch farceur, zu: farce = Posse]: *Spaßmacher.*

Fas|son|schnitt, der: *Haarschnitt für Männer, bei dem die Haare an der Seite und im Nacken mit stufenlosem Übergang in eine bestimmte Form geschnitten werden.*

Fe|der|büch|se, die: *Büchse zum Aufbewahren von metallenen Schreibfedern.*

Fe|der|zan|ge, die: *Pinzette.*

fehl|bit|ten ⟨starkes Verb; hat⟩: *umsonst, vergebens um etwas bitten.*

feig|her|zig ⟨Adjektiv⟩: *feig.*

Feim, der; -[e]s [mittelhochdeutsch veim, althochdeutsch feim = Schaum, verwandt mit englisch foam = Schaum]: *Brandung.*

F

Feins|lieb|chen, das [zu: fein(e)s, Nominativ Singular Neutrum von fein] (dichterisch): *Geliebte.*

Fell|ei|sen, das; -s, - [spätmittelhochdeutsch velīs(en); Herkunft ungeklärt; vergleiche französisch valise, italienisch valigia = Koffer]: *Rucksack, Tornister.*

Fern|spre|cher, der (Amtssprache): *Telefon.*

Feu|er|lärm, der: *Feueralarm.*

feu|rio, feu|er|jo ⟨Interjektion⟩ [spätmittelhochdeutsch fiuriō, viurā]: weit hallender Notruf bei Ausbruch eines Schadenfeuers.

Fi|di|bus, der; - und -ses, - und -se [Herkunft ungeklärt, angeblich in der Studentensprache beim Pfeifenrauchen scherzhaft geprägt nach dem Vers bei dem römischen Dichter Horaz (Oden 1, 36): Et ture et fidibus iuvat placare ... deos = Freundlich stimmte die Götter Weihrauch und Saitenspiel, wobei »et ture et fidibus« in der Übersetzung scherzhaft mit »Tabakrauch und Pfeifenanzünder« wiedergegeben worden sei] (scherzhaft): *gefalteter Papierstreifen (seltener Holzspan), den man an einem offenen Feuer entzündet, um damit die Pfeife o. Ä. anzuzünden:* sich einen Fidibus machen; einen Fidibus falten.

Film|büh|ne, die: *Kino.*

fins|tern ⟨schwaches Verb; hat⟩: *dunkel, finster werden:* es finstert schon.

Flat [flɛt], das; -s, -s [englisch flat = Mietwohnung, eigentlich

Boden, Stockwerk, zu: flat = flach, verwandt mit althochdeutsch flaȥ = flach]: *[Klein]wohnung.*

Flat|te|rie, die; -, -n [französisch flatterie, zu: flatter, eigentlich = mit der (flachen) Hand streicheln, aus dem Germanischen (im Sinne von »die flache Hand über etwas gleiten lassen«), vgl. althochdeutsch flaȥ = flach]: *Schmeichelei.*

Fließ, das; -es, -e [mittelhochdeutsch vlieȥ, zu fließen] (landschaftlich): *Bach.*

Flug|ma|schi|ne, die: *Luftfahrzeug.*

fol|ge|recht ‹Adjektiv›: *folgerichtig.*

fort|hin ‹Adverb›: *von einem bestimmten Zeitpunkt, von nun an immer:* forthin fragte er sie zuerst nach ihrer Meinung.

Four|rure [fʊˈryːɐ̯], die; - [französisch fourrure, zu fourrer = überziehen, zu altfranzösisch fuerre = Futteral, verwandt mit Futter: mittelhochdeutsch vuoter, althochdeutsch fuotar = Unterfutter, Futteral, eigentlich = schützende Hülle; Überzug]: *Pelzwerk.*

Frag|ner, der; -s, - [mittelhochdeutsch phragener = Kleinhändler, althochdeutsch phragenāri = Marktmeister, zu: phragina = Schranke] (bayrisch, österreichisch): *Gemischtwarenhändler.*

Frag|ne|rei, die; -, -en (bayrisch, österreichisch): *kleiner Laden.*

Fran|zo|sen|krank|heit, die ‹ohne Plural› [die Krankheit verbreitete sich im 15. Jahrhundert von Frankreich aus über Europa]: *Syphilis.*

Frau|ens|leu|te ‹Plural›: *Frauen.*

Fräu|lein, das; -s, -, (umgangssprachlich:) -s [mittelhochdeutsch vrouwelīn (Verkleinerungsform von: vrouwe = Frau]: *kinderlose, ledige (junge) Frau, auch: leichtfertiges junges Mädchen; Prostituierte; weibliche Angestellte in einem Dienstleistungsberuf oder im Lehramt (meist als Anrede):* Fräulein, bitte zahlen!

frei|er|dings: *aus freien Stücken, freiwillig.*

Fräulein

In den Zeiträumen von Historikern betrachtet, ist es noch gar nicht lange her, da durften Frauen in Deutschland nicht ohne Weiteres studieren (bis um 1900), ohne Zustimmung ihrer Ehemänner keine bezahlte Arbeit annehmen und kein eigenes Konto eröffnen (bis 1958).
Über Jahrhunderte aber durften sie, sofern sie unverheiratet waren, durchaus als **Fräulein** angesprochen werden. Diese Verkleinerungsform des Wortes »Frau« war zunächst sogar nur ledigen Frauen von Stand, also aus dem Adel, vorbehalten, erst seit dem späten 18. Jahrhundert eroberte sie nach und nach auch bürgerliche Frauen, die das zunächst als Errungenschaft empfunden haben mögen. Mit der Frauenbewegung mischte sich in den einst so vornehmen Klang aber das Despektierliche, Herablassende, und seit den 1950er-Jahren verbaten es sich vor allem berufstätige Frauen zunehmend, als Fräulein angesprochen zu werden. Spätestens nachdem das Fräulein 1972 schließlich offiziell aus dem Sprachgebrauch der Behörden getilgt worden war, verschwand es auch aus dem aktiven Wortschatz des Deutschen.

F

Frei|te, die; - [mittelhochdeutsch (mitteldeutsch) vrīāt(e), zu freien: veraltet für heiraten; um eine Frau werben): *Brautschau:* * **auf die Freite gehen** (landschaftlich; *sich eine Frau suchen*).

Frem|den|heim, das: *kleinerer Betrieb von privaterem Charakter zur Beherbergung von Gästen.*

Fre|vel|mut, der: *frevelhafte Gesinnung.*

fre|vent|lich ‹Adjektiv› [mittelhochdeutsch vrevenlīche (Adverb)]: *frevelhaft.*

frisch|auf ‹Interjektion›: drückt eine Ermunterung aus oder die Aufforderung, sich in Bewegung, in Marsch zu setzen; Wanderergruß: frischauf zum fröhlichen Jagen!

Fri|seu|se [friˈzøːzə], die; -, -n [französisierende Bildung zu Friseur]: *Friseurin.*

Fri|sier|kom|mo|de, die: *Kommode mit Frisierspiegel und größerer Ablagefläche, an der sich jemand sitzend frisieren kann.*

Fri|vo|li|tä|ten|ar|beit, die (Handarbeiten): *Occhiarbeit; eine mit Schiffchen ausgeführte Handarbeit, bei der aus kleinen, auf Fadenschlingen dicht nebeneinander aufgereihten Knoten Bogen und Ringe gebildet werden, die zu einer Spitze vereinigt werden.*

Froh|heit, die; -: *das Frohsein; Fröhlichkeit.*

From|me, der; -n [mittelhochdeutsch vrome, vrume, althochdeutsch froma, fruma, frommen]: *Ertrag, Nutzen.*

from|men ‹schwaches Verb; hat› [mittelhochdeutsch vrumen, althochdeutsch frummen = fördern, vollbringen, zu mittelhochdeutsch vrome, vrume, althochdeutsch froma, fruma = Nutzen, Vorteil, eigentlich = Anfang, zu der der Vorsilbe ver- zugrunde liegenden ursprünglich substantivischen Bedeutung »das Hinausführen über ...«]: *nützen, helfen:* was frommt es, zu jammern?; sein blinder Eifer frommte ihm nichts.

Früh|lings|mond, der (dichterisch): *Frühlingsmonat, März.*

fuchs|schwän|zeln, fuchs|schwän|zen ‹schwaches Verb; hat›: *schmeicheln; jemandem nach dem Mund reden.*

Fuchs|schwän|zer, Fuchs|schwänz|ler, der; -s, -: *Schmeichler.*

fuchs|wild ‹Adjektiv›: *fuchsteufelswild.*

fünf|fäl|tig ‹Adjektiv›: *fünffach.*

Fünf|zig|pfen|nig|ro|man, der (abwertend): *Kurzroman der Trivialliteratur.*

für|bass ‹Adverb› [mittelhochdeutsch vürbaʒ, althochdeutsch furbaʒ, eigentlich = besser vorwärts, aus für, verwandt mit vor, und bass = besser] (scherzhaft): *weiter, vorwärts:* rüstig fürbass schreiten.

für|der, für|der|hin ‹Adverb› [mittelhochdeutsch vürder, althochdeutsch furdir, Komparativbildung zu fort] (gehoben): *(vom gegenwärtigen Zeitpunkt an oder von einem bestimmten Zeitpunkt in der Vergangenheit aus) in Zukunft.*

Für|sor|ge|amt, das: *Sozialamt.*
Für|sor|ger, der; -s, - [zu veraltet fürsorgen = Fürsorge tragen]: *in der Fürsorge tätiger Angestellter oder Beamter mit einer bestimmten fachlichen Ausbildung; Sozialarbeiter.*
für|treff|lich ⟨Adjektiv⟩ (ironisch): *vortrefflich.*
für|wahr ⟨Adverb⟩ (gehoben): *in der Tat* (zur Bekräftigung einer Feststellung, Erkenntnis o. Ä.): das ist fürwahr eine lobenswerte Einstellung; fürwahr, ein Wein für Kenner!
Für|witz, der; -es: *Vorwitz.*
für|wit|zig ⟨Adjektiv⟩: *vorwitzig.*
Fuß|rei|se, die: *zu Fuß unternommene Reise.*

G

Ga|bel|früh|stück, das; -s, -e: *festliches zweites Frühstück.*

Gabelfrühstück

Was in jüngerer Zeit der Mode zur Anglisierung gemäß aus dem Englischen übernommen wurde, der »Brunch«, war ehedem durch eine Lehnübersetzung aus dem Französischen bezeichnet: Das **Gabelfrühstück** entspricht dem französischen »déjeuner à la fourchette« (zu déjeuner »Frühstück« und fourchette »Gabel«), weil es, meist im Stehen, nur mit der Gabel gegessen wird bzw. wurde. Es ist ein zweites, ausgiebigeres Frühstück am späten Vormittag zu besonderen, festlichen Anlässen, bei dem pikante Speisen und Häppchen gereicht werden und das eine oder andere alkoholische Getränk im Angebot ist.

Ga|lan|te|rie|wa|ren ⟨Plural⟩: *modisches Zubehör zur Kleidung; Accessoires.*

Ga|lop|pa|de, die; -, -n [französisch galopade = längerer Galopp]: *Galopp.*

Ga|min [ga'mɛ̃:], der; -s, -s [französisch gamin = (junger) Hilfsarbeiter, Laufbursche, Straßenjunge, Lausbub, Herkunft ungeklärt]: *Straßen-, Gassenjunge.*

Gas|sen|hau|er, der [ursprünglich = Pflastertreter, Nachtbummler, zu hauen in der früheren Bedeutung »treten, laufen«, dann das von Nachtbummlern gesungene Lied] (umgangssprachlich): *[auf den Straßen gesungenes] allbekanntes, triviales Lied:* einen Gassenhauer singen, pfeifen, grölen.

Gast|bit|ter, der; -s, -: *Person, die zu Gast bittet.*

Gas|te|rei, die; -, -en: *üppiges Gastmahl.*

Ga|zet|te [auch: gaˈzɛt(ə)], die; -, -n [französisch gazette = Zeitung < italienisch gazzetta < venezianisch gazeta, eigentlich = Name einer Münze, zu deren Wert im 16. Jahrhundert ein Nachrichtenblatt verkauft wurde] (abwertend): *Zeitung:* man darf nicht alles glauben, was in den Gazetten steht.

Ge|breit, das; -[e]s, -e, **Ge|brei|te,** das; -s, - [mittelhochdeutsch, althochdeutsch gebreite, zu breiten in der Bedeutung von: sich ausdehnen, ausbreiten]: *Feld, Acker.*

ge|brest|haft ‹Adjektiv›: *gebrechlich.*

Ge|bühr|nis, die; -, -se: *Gebühr, Abgabe.*

Ge|heisch, das; -[e]s [zu heischen = fordern, fragen, ursprünglich = suchen, trachten nach]: *Forderung.*

ge|lahrt ‹Adjektiv› [mittelhochdeutsch (mitteldeutsch) gelārt, Nebenform von gelehrt]: *gelehrt, hochgebildet:* ein gelahrter Herr.

Ge|lahrt|heit, die; -: *Gelehrtheit.*

Gelb|ei, das (landschaftlich): *Eidotter.*

Ge|mächt, das; -[e]s, -e, **Ge|mäch|te,** das; -s, - [mittelhochdeutsch gemaht (Plural gemehte), althochdeutsch gimaht(i), zu Macht in der veralteten Bedeutung »Zeugungskraft (des Mannes)«]: *männliche Geschlechtsteile.*

Ge|mahl, das; -[e]s, -e ‹Plural selten› (dichterisch): *Braut, Ehefrau.*

Ge|mäß, das; -es, -e [Kollektivbildung zu Maß, eigentlich = Norm, nach der gemessen wird] (scherzhaft): *Gefäß [das eine bestimmte Menge fasst], Maß:* die Gemäße reichten nicht aus, um alles wegzuschaffen.

Ge|mei|ne, die; -, -n [mittelhochdeutsch gemeine, althochdeutsch gimeinī, ursprünglich = mehreren abwechselnd zukommend] (landschaftlich): *Gemeinde.*

Gene [ʒɛ:n], die; - [französisch gêne, veraltet auch: Folter < altfranzösisch gehine = das durch Folter erpresste Geständnis]: *[selbst auferlegter] Zwang; Unbehagen, Unbequemlichkeit.*

Ge|nüss|ling, der; -s, -e (scherzhaft): *Genussmensch.*

ge|reu|en ⟨schwaches Verb; hat⟩ (gehoben): *reuen:* deine Worte werden dich noch gereuen!; ⟨unpersönlich:⟩ es gereute ihn, dass er sie so schlecht behandelt hatte.

Ge|sin|de, das; -s, - [mittelhochdeutsch gesinde, althochdeutsch gisindi, Kollektivbildung zu mittelhochdeutsch gesinde, ahd gisind(o) = Gefolgsmann; Weggefährte; Diener, Hausgenosse, zu: mittelhochdeutsch sint, althochdeutsch sind = Weg, Gang, Reise; Unternehmung, zu Sinn: mittelhochdeutsch, althochdeutsch sin, eigentlich = Gang, Reise, Weg]: *Gesamtheit der Knechte und Mägde.*

Ge|span, der; -[e]s und -en, -e[n] [mittelhochdeutsch gespan = Gefährte, Genosse; wahrscheinlich verwandt mit spannen, also eigentlich = der mit (einem anderen) eingespannt ist]: *Mitarbeiter; Genosse.*

Ge|spons, das; -es, -e: *Braut, Ehefrau:* wo hast du dein Gespons gelassen?

Ge|vat|ter|schaft, die; -, -en [mittelhochdeutsch gevaterschaft]: *Patenschaft.*

ge|wan|den ⟨schwaches Verb; hat⟩ [mittelhochdeutsch gewanden, zu Gewand] (gehoben): *in bestimmter Weise kleiden:* ein Kind festlich gewanden; ⟨noch im 2. Partizip:⟩ hellblau gewandet sein *(ein hellblaues Kleid tragen).*

gicht|brü|chig ⟨Adjektiv⟩: *an der Gicht erkrankt; durch die Gicht stark behindert.*

Glei|sner, der; -s, - [mittelhochdeutsch glīsnēre, gelīchs(e)nære, zu mittelhochdeutsch gelīchesen, althochdeutsch gilīhhisōn = es jemandem gleichtun, sich verstellen, heucheln, zu gleich]: *Heuchler.*

Gleis|ne|rei, die; -, -en: *Heuchelei.*

gleis|ne|risch ⟨Adjektiv⟩: *heuchlerisch:* mit gleisnerischer Freundlichkeit.

Glück|zu, das; -: Grußformel.

gott|se|lig [auch: ˈɡɔt...] ⟨Adjektiv⟩: *in Gott selig, vom Glauben an Gott erfüllt:* ein gottseliges Leben.

Gott|se|lig|keit [auch: ˈgɔtzeːlɪçkai̯t], die ‹ohne Plural›: *das Seligsein in Gott.*

gries ‹Adjektiv› [mittelhochdeutsch grīs < mittelniederdeutsch greis = grau] (landschaftlich): *grau:* das Wetter ist gries und regnerisch.

grif|fel|spit|zig ‹Adjektiv› (landschaftlich): *übertrieben spitzfindig, haarspalterisch.*

grimm ‹Adjektiv› [mittelhochdeutsch grim(me), althochdeutsch grimm, eigentlich = grollend, brummig, lautmalend]: *grimmig.*

G

[1]**grim|men** ‹schwaches Verb; hat› [mittelhochdeutsch grimmen = toben]: *ärgern, mit Grimm erfüllen:* die Niederlage grimmte ihn ungemein.

[2]**grim|men** ‹schwaches Verb; hat; meist unpersönlich› [in Anlehnung an ↑ [1]grimmen zu mittelhochdeutsch krimmen = zwicken, kneifen, verwandt mit krumm]: *kolikartige Schmerzen haben:* es grimmt mir/mich im Bauch; ‹substantiviert:› ich verspürte ein heftiges Grimmen *(Bauchweh, Leibschmerzen).*

Grön|län|der, der; -s, - [nach einer von den Bewohnern Grönlands verwendeten Bootsart]: *Kajak.*

Groß|hun|dert, das: *altes Zählmaß (120 Stück).*

groß|jäh|rig ‹Adjektiv›: *volljährig, mündig.*

Groß|jäh|rig|keit, die; -: *Volljährigkeit, Mündigkeit.*

H

Haar|tracht, die: *(in einer bestimmten Zeit, bei einer bestimmten sozialen Schicht o. Ä.) übliche Art, das Haar zu tragen; Frisur.*

Hab|schaft, die; -, -en: *Eigentum, Habe, Besitz.*

Ha|de|rer, Had|rer, der; -s, - [zu Hader = (süddeutsch, österreichisch) Stoffreste, -abfälle; Lumpen]: *Lumpensammler.*

Ha|der|kat|ze, die [zu Hader = [über lange Zeit] schwelender, mit Erbitterung ausgetragener Streit, Zwist; < mittelhochdeutsch hader = Streit, Zank; Injurienprozess, ursprünglich = (Zwei)kampf]: *zänkische Frau.*

Hagestolz

Ob das Wort **Hagestolz** wohl ausgestorben ist, weil es das nicht mehr gibt, was es einst bezeichnete? Ein Hagestolz war ein eingefleischter Junggeselle fortgeschrittenen Alters mit einem Hang zur Verschrobenheit.

Der aus dem Englischen stammende Single hat den deutschen Junggesellen schon fast verdrängt. Noch seltener aber ist der Hagestolz geworden: Ein Hagestolz war eine besondere Form des Junggesellen, ein kauziger Junggeselle eben. Aber könnte man ihn auch einen Single, einen greisen und verschrobenen Single etwa, nennen? Nein, der Single ist zwar alleinstehend – besser gesagt sogar noch eher: unabhängig –, aber aus seinem Familienstand resultiert keine Eigenbrötlerei. Und während der Single vor allem eine städtische Erscheinung ist, war der Hagestolz eindeutig ein Phänomen des Lands: Der »Hag«, der sich in ihm verewigt hat, ist ein (Bauern-)Hof, der zu klein ist, als dass davon eine Familie zu ernähren wäre.

Ha|ge|stolz, der; -es, -e: *älterer, eingefleischter, etwas kauziger Junggeselle.*

Hahn|rei, der; -s, -e [aus dem Niederdeutschen < spätmittelniederdeutsch hanerei; 2. Bestandteil eigentlich = Kastrat (vgl. ostfriesisch hānrūne = Kapaun, niederländisch ruin = Wallach), also eigentlich = verschnittener Hahn; dem verschnittenen Hahn setzte man, um ihn aus der Hühnerschar herauszufinden, die abgeschnittenen Sporen in den Kamm, wo sie fortwuchsen und eine Art von Hörnern bildeten; vgl. jemandem Hörner aufsetzen] (abwertend): *Ehemann, den seine Frau mit einem anderen Mann betrogen hat:* sie hat ihn zum Hahnrei gemacht.

H

Halb|scheid, die; - [zu scheiden < mittelhochdeutsch scheiden, althochdeutsch sceidan, ursprünglich = (ab)schneiden, spalten, trennen] (landschaftlich): *Hälfte:* * **Halbscheid machen** *(Gewinn oder Verlust genau miteinander teilen).*

halb|schü|rig ‹Adjektiv› [ursprünglich von der in der Qualität schlechteren Wolle halbjährlich geschorener Schafe gesagt]: *unvollkommen, minderwertig.*

Hand|stein, der (landschaftlich): *Ausguss.*

ha|pe|rig, hap|rig ‹Adjektiv› (norddeutsch): *stockend:* es geht haperig.

hap|pen ‹schwaches Verb; hat› [zu Happen] (norddeutsch): *zubeißen, abbeißen, zuschnappen.*

Har|pa|gon [französisch: arpaˈgõ], der; -s, -s [nach der Hauptfigur des Lustspiels »Der Geizige« von Molière] (bildungssprachlich): *Geizhals.*

Hart|mo|nat, Hart|mond, der [mittelhochdeutsch hertemānōt, althochdeutsch hertimānōd, zu hart in der Bedeutung »hart gefroren«]: *Januar (auch: November, Dezember).*

Har|tung, der; -s, -e [vgl. Hartmonat]: *Januar.*

Hä|scher, der; -s, - [zu haschen < mittelhochdeutsch (mitteldeutsch) (er)haschen, eigentlich = fassen, packen]: *Person, die in amtlichem Auftrag jemanden verfolgt, hetzt und zu ergreifen versucht:* die Häscher sind hinter ihm her.

ha|se|lie|ren ‹schwaches Verb; hat› [mittelhochdeutsch haselieren, wohl < altfranzösisch harceler = necken]: *derbe Späße machen, treiben; lärmen, toben.*

Ha|sen|brot, das [weil man es zurückbringt mit der scherzhaften Erklärung, man habe es einem Hasen abgenommen, dem man zuvor den Schwanz mit Salz bestreut habe] (umgangssprachlich scherzhaft): *für die Reise oder die Arbeit als Proviant mitgenommenes, aber nicht verzehrtes und trocken gewordenes Brot.*

Haupt|schrift|lei|ter, der: *Chefredakteur.*

Ha|ve|lock ['ha:vəlɔk], der; -s, -s [nach dem englischen General Sir Henry Havelock (1795–1857)]: *langer Herrenmantel mit pelerinenartigem Umhang, der die Ärmel ersetzt.*

he|cken ‹schwaches Verb; hat› [mittelhochdeutsch hecken = sich begatten (von Vögeln), wahrscheinlich Nebenform von hacken] (landschaftlich): *(von Vögeln und kleineren, sich rasch vermehrenden Säugetieren) mehrere Junge auf einmal ausbrüten, werfen:* im Keller haben wieder Mäuse geheckt; Ü das Geld soll bei der Sparkasse hecken (scherzhaft; *sich dort schnell vermehren, viele Zinsen tragen*).

Heck|pfen|nig, der; -s, -e [zu ↑hecken] (scherzhaft): *Münze, die man nicht ausgeben soll, weil sie nach dem Volksglauben immer wieder neue Münzen erzeugt, immer für einen Geldvorrat sorgt.*

Heim|bür|ge, der [mittelhochdeutsch heimbürge, althochdeutsch heimburgo = Dorfschulze, eigentlich = Schützer des Heims]: *Dorfrichter, Schöffe.*

hei|ßa, hei|sa ['haiza, 'haisa], **hei|ßas|sa** ‹Interjektion› [aus hei (Ausruf ausgelassener Freude, Munterkeit, Lustigkeit) und sa! = Lockruf für einen Jagdhund < mittelhochdeutsch za < (alt)französisch çà! = hierher!]: Ausruf der Freude oder der Ermunterung: heißa, jetzt gehts los!

Hem|me, die; -, -n: *Bremse.*

hen|ken ‹schwaches Verb; hat› [mittelhochdeutsch, althochdeutsch henken = hängen machen; (auf)hängen; hängen]: *am Galgen aufhängen, durch den Strang hinrichten:* der Mörder wurde verurteilt und gehenkt.

Herbst|mond, der ‹ohne Plural› (dichterisch): *Herbstmonat, September.*

her|für ‹Adverb› [mittelhochdeutsch her für]: *hervor.*

Her|mä|on, das; -s [griechisch hérmaion, eigentlich = Gewinn, den man dem Hermes zuschreibt, zu: hermaĩos = gewinnbringend, eigentlich = von Hermes stammend]: *glücklicher Fund, Glücksfall.*

H

He|rolds|kunst, die ‹ohne Plural›: *Heraldik.*

Her|ren|be|kannt|schaft, die: *Bekannter, Freund einer Frau:* woher soll ich all ihre Herrenbekanntschaften kennen?; * **eine Herrenbekanntschaft machen** (umgangssprachlich; *einen Mann, Herrn kennenlernen*).

Her|zens|er|gie|ßung, die, **Her|zens|er|guss,** der (gehoben): *sehr persönliches, meist wortreiches, überschwänglich formuliertes Bekenntnis.*

Heu|mo|nat, Heu|mond, der ‹Plural selten› [mittelhochdeutsch höumānōt, althochdeutsch hewimānōth]: *Juli.*

heu|ti|gen|tags [auch: ˈhɔy̯...] ‹Adverb›: *in der gegenwärtigen Zeit, Epoche; in der jetzigen Zeit, in der man als Zeitgenosse lebt:* das Kloster existiert noch heutigentags *(bis zum heutigen Tag, bis heute, bis jetzt).*

Hin|de, die; -, -n [mittelhochdeutsch hinde(n), althochdeutsch hinta, eigentlich = die Geweihlose] (dichterisch): *Hirschkuh.*

hin|für, hin|für|der ‹Adverb› [spätmittelhochdeutsch hinfur = ferner; spätmittelhochdeutsch hynfurder; vgl. fürder]: *hinfort.*

Hin|tritt, der; -[e]s [wohl nach der Vorstellung besonders der christlichen Religion, dass der Tote vor Gott als Richter hintreten muss]: *Tod, Sterben.*

höch|lich ‹Adverb› [mittelhochdeutsch hōchlich, althochdeutsch hōhlīh = erhaben]: *in großem Maße, sehr:* sie zeigten sich höchlich amüsiert.

hoch|löb|lich ‹Adjektiv›: *sehr ehrenwert:* der hochlöbliche Gemeinderat.

hoch|mö|gend ‹Adjektiv›: *einflussreich, angesehen:* als Anrede: hochmögender Herr!

hoch|se|lig [auch: 'ho:x'ze:lıç] ‹Adjektiv›: *verstorben, selig* (bei der Nennung verstorbener, hochstehender oder hoch geachteter Personen): der hochselige Herr Pfarrer; ‹substantiviert:› der Hochselige *(der Verstorbene).*

höchst|der|sel|be, höchst|die|sel|be ‹Demonstrativpronomen›: in Bezug auf eine hochgestellte Person; *derselbe, dieselbe.*

höchst|ei|gen ‹Adjektiv›: *ganz und gar eigen:* da betrat er in höchsteigener Person, höchsteigen *(selbst, in eigener Person)* den Raum.

höchst|selbst ‹indeklinables Pronomen›: *höchstpersönlich:* er kam höchstselbst.

hoch|wohl|ge|bo|ren ‹Adjektiv›: *von hoher Abkunft; adelig:* ‹als Titel:› Hochwohlgeboren; ‹in der Anrede:› Eure, Euer Hochwohlgeboren; ‹bei Anschriften:› Seiner, Ihrer Hochwohlgeboren.

hoch|wohl|löb|lich ‹Adjektiv›: *hochlöblich:* das hochwohllöbliche Gremium.

hoch|wür|dig ‹Adjektiv›: in ehrenden Anreden für katholische Geistliche; *sehr würdig.*

Hof|ma|cher, der: *jemand, der Frauen den Hof macht; Charmeur.*

Hof|mann, der ‹Plural ...leute›: *Höfling.*

Hö|ker, der; -s, - [aus dem Ostmitteldeutschen, wahrscheinlich zu Hucke = auf dem Rücken getragene oder zu tragende Last]: *Kleinhändler, Inhaber einer Verkaufsbude oder eines offenen Standes.*

hol|d|rio [auch: hɔldri'o:] ‹Interjektion›: Ausruf der Freude.

Hol|d|rio, der; -[s], -[s]: *leichtlebiger Mensch, der nur genießt und fröhlich in den Tag hinein lebt.*

Höl|len|bra|ten, der (derbes Schimpfwort): *böser Mensch;*

Person, die man verachtet und als Ausgeburt der Hölle ansieht.

Höl|len|brut, die ‹ohne Plural› (Schimpfwort): *übles Gesindel.*

Ho|nig|seim, der: *ungeläuterter Honig, wie er aus den Waben abfließt:* seine Worte, Reden waren süß wie Honigseim (gehoben; *klangen sehr schmeichlerisch, angenehm*).

Hor|nung, der; -s, -e [mittelhochdeutsch, althochdeutsch hornunc, zu einem germanischen Wort mit der Bedeutung »Horn; Spitze; Ecke« (verwandt mit Horn) und eigentlich = der im Winkel, in der Ecke, nicht im Ehebett Gezeugte (vgl. altfriesisch horning = Bastard); wohl in Anspielung auf die verkürzte Anzahl von Tagen dieses Monats, dann zu verstehen im Sinne von »der (in der Anzahl der Tage) zu kurz Gekommene«]: *Februar.*

H

Huld, die; - [mittelhochdeutsch hulde, althochdeutsch huldī = Gunst, Wohlwollen, zu hold] (gehoben, ironisch): *Freundlichkeit, Wohlwollen, Gunstbeweis, den jemand einem ihm gesellschaftlich Untergeordneten [mit einer gewissen Herablassung] zuteilwerden lässt.*

huld|reich ‹Adjektiv› (gehoben, ironisch): *jemandem seine Huld zuteilwerden lassend, sie in einer bestimmten Handlung erkennen lassend:* ein huldreicher Blick wurde ihm zuteil.

huld|voll ‹Adjektiv› (gehoben, ironisch): *seine Huld in einer bestimmten Handlung erkennen lassend:* ein huldvolles Lächeln.

Hül|fe, die: *Hilfe.*

hun|dert|fäl|tig ‹Adjektiv›: *hundertfach.*

Hun|ger|har|ke, die [wohl nach dem Brauch, die restlichen Ähren Bedürftigen zu überlassen] (Landwirtschaft): *große Harke, mit der man auf dem abgeernteten Getreidefeld die liegen gebliebenen Ähren zusammenharkt.*

Hupf, der; -[e]s, -e [zu hupfen = hüpfen] (landschaftlich): *kleiner Luftsprung.*

I

Ịn|ge|sin|de, das; -s [mittelhochdeutsch ingesinde]: *Gesinde.*

inkommodieren

Als dieses Wort im Deutschen noch geläufig war, konnte man sich selbst **inkommodieren** oder aber andere; man tat in aller Regel dabei allerdings nicht das Gleiche. Wer sich selbst inkommodierte, der verdiente alle Achtung, denn er gab sich Mühe mit einer Sache. Im schlimmsten Fall machte er sich Umstände. Wer jedoch andere inkommodierte, der machte ihnen Mühe: indem er ihnen zur Last fiel, sie belästigte oder ihnen andere Unbequemlichkeiten bereitete. Das Wort wurde im 17. Jahrhundert nach dem französischen »incommoder« gebildet, das wiederum auf ein lateinisches Vorbild zurückgeht: »incommodus«, das ist einfach »unbequem«, »unpassend«, »unangemessen«.

in|kom|mo|die|ren ‹schwaches Verb; hat›: **a)** *bemühen, Unbequemlichkeiten bereiten; belästigen;* **b)** ‹sich inkommodieren› *sich Mühe, Umstände machen.*

ins|ge|mein [auch: ˈɪns...] ‹Adverb›: *insgesamt.*

in|ti|mi|die|ren ‹schwaches Verb; hat›: *einschüchtern; Furcht, Schrecken einjagen; abschrecken.*

In|va|li|da|ti|on, die; -, -en [französisch invalidation]: *Ungültigmachung.*

Ịr|ren|arzt, der: *Psychiater.*

Ịr|re|sein, Ịrr|sein, das: *Psychose.*

Ịsche, die; -, -n [jiddisch ische < hebräisch iššạ̄ = Frau, Gattin] (umgangssprachlich): *Mädchen (aus der Sicht eines Jungen, jungen Mannes).*

J

jach ⟨Adjektiv⟩ [mittelhochdeutsch gāch, verwandt mit jäh] (gehoben): *jäh:* ein jacher Wind.

Jahr|wei|ser, der (gehoben): *Kalender.*

Jan|ha|gel [auch: ˈjan...], der; -s [aus dem Niederdeutschen < niederländisch janhagel; zusammengezogen aus dem niederländischen Vornamen Jan = Johann, auch: Kerl und dem Fluch: de hagel sla hem = dass ihn der Hagel(schlag) treffe!; später dann übertragen auf diese Leute selbst; auch als: Hans Hagel]: *Pöbel.*

J

Jahrweiser

Jahrweiser (Kalender) anno dazumal:

Januar Eismonat, Eismond, Hartmonat, Hartmond, Hartung, Schneemond, Wintermonat, Wintermond

Februar Hartung

März Frühlingsmonat, Frühlingsmond, Lenzing, Lenzmonat, Lenzmond

April Ostermonat, Ostermond, Wandelmonat, Wandelmond

Mai Weidemonat, Weidemond, Wonnemonat, Wonnemond

Juni Sommermonat, Sommermond

Juli Heumonat, Heumond

August Erntemonat, Erntemond, Ernting

September Herbstmonat, Herbstmond, Scheiding

Oktober Weinmonat, Weinmond

November Hartmonat, Hartmond, Nebelmonat, Nebelmond, Nebelung, Wintermonat, Wintermond

Dezember Christmonat, Christmond, Hartmonat, Hartmond, Julmonat, Julmond, Wintermonat, Wintermond

je|dẹn|noch ‹Konjunktion› (landschaftlich): *[je]doch.*

Je̲|der|manns|freund, der ‹Plural selten› (abwertend): *jemand, der es mit allen halten, mit niemandem verderben will.*

Je|re|mi|a̲|de, die; -, -n [nach dem biblischen Propheten Jeremia, vielleicht unter Einfluss von französisch jérémiade gebildet nach Iliade u. Ä.] (gehoben): *wortreiche, bewegte Klage, die jemand [in wehleidigem Ton] über etwas führt.*

jẹt|zo ‹Adverb› [mittelhochdeutsch iezuo, ieze, iezō, zusammengezogen aus ie = immer und zuo = zu]: *jetzt.*

juch|he̲i̲, juch|he̲i̲|ras|sa, juch|he̲i̲|ras|sas|sa, juch|he̲i̲|sa [...za, ...sa], **juch|he̲i̲|ßa** ‹Interjektion›: Ausrufe ausgelassener Freude.

Ju̲l|mo|nat, Ju̲l|mond, der: *Dezember.*

K

Ka|ba|le, die; -, -n [französisch cabale, eigentlich = jüdische Geheimlehre < hebräisch qabbạlạ̈, Kabbala]: *Intrige.*

ka|ba|lie|ren, ka|ba|li|sie|ren ‹schwaches Verb; hat› [französisch cabaliser = Kabbalistik treiben]: *intrigieren.*

Ka|ba|list, der; -en, -en: *heimtückischer Gegner, Intrigant.*

Ka|bel, die; -, -n [mittelniederdeutsch kavele = Los, eigentlich = bearbeitetes Stück Holz zum Losen; vgl. altnordisch kefli = Holzstück] (norddeutsch): *Gewinnanteil, Losgewinn.*

K

ka|beln ‹schwaches Verb; hat› [mittelniederdeutsch kavelen, zu ↑Kabel] (norddeutsch): *verlosen, auslosen.*

ka|jo|lie|ren [kaʒ...] ‹schwaches Verb; hat› [französisch cajoler, eigentlich = singen, rufen wie ein Vogel im Käfig, Herkunft ungeklärt]: *schmeicheln; liebkosen.*

Kak, der; -[e]s, -e [mittelniederdeutsch kak, Herkunft ungeklärt] (norddeutsch): *Pranger.*

Käl|ber|zäh|ne ‹Plural› (umgangssprachlich): *große Graupen.*

Kal|mäu|ser [auch: ...ˈmɔy̯...], der; -s, - [Herkunft ungeklärt] (landschaftlich): *jemand, der sehr zurückgezogen lebt und seinen Gedanken nachhängt.*

Ka|me|lo|pard, der; -en, -en [aus gleichbedeutend griechisch kamēlopárdalis zu kámelos = Kamel und párdos = Panther]: *Giraffe.*

Ka|me|ral|wis|sen|schaf|ten ‹Plural›: *Politik- und Wirtschaftswissenschaften.*

Käm|pe, der; -n, -n [aus dem Niederdeutschen < mittelniederdeutsch kempe, kampe = Kämpfer, Held, Entsprechung von mittelhochdeutsch kempfe, Kämpfer]: *Krieger; tapferer Streiter.*

kan|di|del ‹Adjektiv; kandidler, -ste› [wohl zu lateinisch candidus = glänzend, heiter; verwandt mit Kandidat]: *heiter, lustig:* die Kranke war schon wieder kandidel.

Kan|ne|gie|ßer, der [nach der Figur eines ohne Sachverstand politisierenden Zinngießers aus der Komödie »Der politische Kannegießer« des dänischen Dichters und Historikers Ludwig von Holberg (1684–1754)]: *Stammtischpolitiker; [politischer] Schwätzer.*

Kanz|lei|pa|pier, das: *weißes, holzfreies Papier in bestimmtem Format, wie es in Kanzleien verwendet wurde.*

Kap|fens|ter, das; -s, - [zu niederdeutsch, mitteldeutsch kapen, mittelniederdeutsch kapen = blicken, spähen, gaffen] (landschaftlich): *kleines Dachfenster.*

Kap|hol|län|der, der: *Bure.*

Kar|ni|ckel|schein, der; -s, -e [wegen der großen Fruchtbarkeit von Kaninchen] (landschaftlich scherzhaft): *(1955–1999) Ausweis für kinderreiche Familien für Fahrpreisermäßigung bei der Deutschen Bahn.*

Kas|sen|ge|stell, das (umgangssprachlich): *(früher) von der Krankenkasse bezahltes Brillengestell einfacher Ausführung.*

kau|dern ⟨schwaches Verb; hat⟩ [ursprünglich = wie ein Truthahn kollern, wohl lautmalend] (landschaftlich): *unverständlich sprechen.*

Ka|val|lett, das; -s, -s und -en [italienisch cavalletto = Gestell, Bock; Folterbank, eigentlich = Pferdchen, Verkleinerungsform von: cavallo, verwandt mit Kavalier] (österreichische Soldatensprache): *einfaches Bettgestell.*

Keb|se, die; -, -n [mittelhochdeutsch keb(e)se, althochdeutsch kebis(a), Herkunft ungeklärt, vielleicht eigentlich = Sklavin, Dienerin]: *Nebenfrau, Konkubine:* orientalische Würdenträger machten die Sklavinnen zu ihren Kebsen.

kie|sen ⟨unregelmäßiges Verb; hat⟩ [mittelhochdeutsch kiesen, althochdeutsch kiosan; die Formen dieses starken Verbs haben sich mit den schwachen Formen von küren vermischt]: *prüfend wählen:* du kor[e]st dir etwas Gutes.

Kin|des|kind, das: *Enkel, Enkelin, Enkelkind.*

Kin|des|nö|te, Kindsnöte ‹Plural›: *Wehen:* in Kindesnöten liegen, sein.

Kirch|hof, der: *Friedhof bei einer Kirche.*

Kirch|spiel, das [mittelhochdeutsch kir(ch)spil, -spel, eigentlich = Kirchenpredigt(bezirk), zu: spel = Rede, Erzählung]: *zu einer Pfarrei gehörender Bezirk.*

Kla|ge|weib, das: *Frau, die [gegen Bezahlung] einen Toten laut beweint, solange er aufgebahrt ist.*

Klos|ter|frau, die: *Nonne.*

klüg|lich ‹Adverb› [mittelhochdeutsch kluoclich (mitteldeutsch clūclich, Adverb) = zart, fein; auf kluge, geschickte Weise]: *aus Vernunft; nach sorgfältiger Überlegung; wohlweislich:* er hat klüglich geschwiegen.

klup|pen ‹schwaches Verb; hat›: *einzwängen, einspannen.*

Kneif, der; -[e]s, -e [spätmittelhochdeutsch knīf = (Taschen-, Schuster)messer, zu kneifen = zwicken, (ein)klemmen; verwandt mit englisch knife = Messer]: *Messer (des Schuhmachers, Gärtners, Buchbinders u. Ä.).*

Knicks, der; -es, -e [zu veraltet knicken = eine Verbeugung (durch Kniebeuge) machen]: *leichtes Einknicken eines Knies oder beider Knie als weibliche Höflichkeitsgeste bei der Begrüßung.*

Kno|chen|hau|er, der (norddeutsch): *Fleischer.*

Kno|te, der; -n, -n [aus der Studentensprache; entweder in übertragener Bedeutung zu Knoten oder zu ostniederdeutsch gnote = Kaufmannsgehilfe < mittelniederdeutsch genōt = Genosse]: *grober, ungebildeter Mensch.*

Kol|la|te|ral|ver|wand|ter: *Verwandter einer Seitenlinie.*

Ko|lo|ni|al|wa|ren ‹Plural›: *Lebens- und Genussmittel [aus Übersee].*

Ko|lo|ni|al|wa|ren|la|den, der: *Lebensmittelladen.*

Ko|lo|ra|do|kä|fer, der [das Insekt wurde im 19. Jahrhundert aus Colorado (USA) nach Mitteleuropa eingeschleppt]: *Kartoffelkäfer.*

Knicks

Wer noch den motorischen Reflex kennt, bei Begrüßungen mit Händeschütteln einen **Knicks** zu machen, der (besser: die) dürfte kaum nach 1960 geboren und weiblich sein. Der Knicks, das war die artige Geste der Ehrerbietung kleiner und junger Mädchen gegenüber Erwachsenen, aber auch, noch früher, erwachsener Frauen gegenüber Höhergestellten.

Er wird ausgeführt, indem ein Fuß kurz zurückgesetzt und gleichzeitig das Knie des anderen Beins leicht gebeugt wird. Noch älter ist jene Form, bei der beide Knie gebeugt werden, ebenso jene, die nicht allein der Begrüßung vorbehalten ist, sondern auch beim Vorbeigehen zu vollziehen ist. Allen Formen gemeinsam ist ihr Ursprung im echten Kniefall.

Das männliche Pendant zum Knicks ist der Diener, das leichte Vorbeugen des Oberkörpers.

kon|fi|den|zi|ẹll, kon|fi|den|ti|ẹll ‹Adjektiv› [französisch confidentiel] (bildungssprachlich): *vertraulich (besonders von Schriftstücken).*

kon|ni|vie|ren ‹schwaches Verb; hat› [aus gleichbedeutend lat. co(n)nivere, eigentlich »die Augen schließen«]: *Nachsicht üben.*

Kon|vi|vi|a|li|tät, die; -: *Geselligkeit, Fröhlichkeit.*

Kọpf|putz, der ‹ohne Plural›: *Schmuck für den Kopf.*

Ko|pi|a|li|en ‹Plural› [zu Kopie, aus spätmittelhochdeutsch copī < mittellateinisch copia = (den Bestand an Exemplaren vermehrende) Abschrift < lateinisch copia = Vorrat, Menge]: *Abschreibegebühren.*

Kor|di|a|li|tät, die; -: *Herzlichkeit, Freundlichkeit.*

Kọ̈r|per|schu|le, die: *Gymnastik, Freiübungen.*

Kọst|gän|ger, der: *jemand, der bei jemandem [zur Untermiete wohnt und] regelmäßig [gegen Bezahlung] isst:* einen Kostgänger [auf]nehmen.

Kọst|ge|ber, der: *jemand, der [einen] Kostgänger versorgt.*

Kos|tü|mi|er [...'mi̯e:], der; -s, -s: *Theaterschneider.*
Kran|bee|re, Krän|bee|re, die [eigentlich = Kranichsbeere]: *Preiselbeere.*
Kre|denz|tisch, der: *Anrichtetisch.*
krei|ßen ⟨schwaches Verb; hat⟩ [eigentlich = beim Gebären schreien; mittelhochdeutsch krīȝen = gellend schreien, kreischen (lautmalend)]: *in Geburtswehen liegen, gebären:* eine kreißende Frau; ⟨substantiviertes 1. Partizip:⟩ die Kreißende (Medizin; *die Gebärende*).
Kret|scham, Kret|schem, der; -s, -e [aus dem Slawischen; vgl. tschechisch krčma] (ostmitteldeutsch): *Wirtshaus.*
Kretsch|mer, der; -s, - (ostmitteldeutsch): *Wirt.*
krip|pen ⟨schwaches Verb; hat⟩ [zu mittelhochdeutsch krippe, althochdeutsch krippa, eigentlich = Flechtwerk, Geflochtenes]: *mit Flechtwerk oder Ähnlichem befestigen, schützen:* einen Deich krippen.

K

Krü|ger, der; -s, - [zu Krug] (norddeutsch): *Wirt, Gastwirt.*
Krüm|me, die; -, -: *[Weg]biegung.*
Küch|lein, das; -s, - [spätmittelhochdeutsch kuchelīn, Verkleinerungsform von: kuchen = Küken] (gehoben): *Küken.*
Kun|de, die; -, -n ⟨Plural selten⟩ [mittelhochdeutsch kunde, althochdeutsch chundi] (gehoben): *Nachricht:* eine frohe, traurige Kunde; die Kunde von seiner Ankunft verbreitete sich wie ein Lauffeuer; von/über etwas Kunde *(Kenntnis)* erhalten; jemandem die unerfreuliche Kunde bringen, dass er verraten wurde; wer hat ihr davon Kunde gegeben *(sie unterrichtet, benachrichtigt)?;* die Kunde *(Kenntnis, das Wissen)* vom Lauf der Gestirne.
Kur|an|stalt, die: *Sanatorium.*
kurz|hin ⟨Adverb⟩: *beiläufig:* etwas nur kurzhin erwähnen.
Kurz|weil, die; - [mittelhochdeutsch kurz(e)wīle, auch = kurze Zeit]: *lustiger, angenehmer Zeitvertreib:* [allerlei] Kurzweil treiben; etwas nur zur/aus Kurzweil machen.
Kut|tel|hof, der (landschaftlich): *Schlachthof.*

L

Laf|fe, der; -n, -n [vielleicht zu mittelhochdeutsch laffen = lecken oder zu frühneuhochdeutsch laffe = Hängelippe, also vielleicht = jemand, der mit offenem Mund gafft; zu mittelhochdeutsch laffe = Lippe] (abwertend): *geckenhafter [junger] Mann.*

Läm|mer|hüp|fen, das; -s, - (umgangssprachlich): *Tanzvergnügen (besonders im Tanzen wenig geübter) junger Leute.*

Land|mes|ser, der: *Vermessungsingenieur.*

Land|par|tie, die: *Ausflug in eine ländliche Gegend:* eine Landpartie unternehmen, machen.

Lau|ten|schlä|ger, der: *Lautenspieler.*

le|big ‹Adjektiv› (landschaftlich): *lebendig.*

le|cker|haft ‹Adjektiv›: *lecker.*

Le|ger|de|main [leʒedəˈmɛ̃ː], das; -s, -s [französisch léger de (la) main, eigentlich = mit leichter, lockerer Hand]: *Taschenspielerkunststück, Trick.*

Lei|bes|er|tüch|ti|gung, die; -, -en: *Kräftigung, Erhöhung der Leistungsfähigkeit, Stählung des Leibs (Körpers) durch sportliche Übungen.*

Lei|bes|not, die: *Mangel an lebensnotwendigen Dingen.*

Leib|rie|men, der: *Gürtel.*

Lei|lach, Lei|lak, das; -[e]s, -e[n] [mittelhochdeutsch lī(n)lach(en), althochdeutsch līnlahhan, zu Lein = Flachs (aus dessen Fasern Leinen gewebt wird, und Laken] (norddeutsch): *Betttuch, Leintuch.*

Leit|geb, der; -en, -en, **Leit|ge|ber,** der [mittelhochdeutsch lītgebe(r), aus: līt = Obstwein und geber = Geber] (landschaftlich): *Wirt.*

Leibesertüchtigung

Die Bedeutung des Wortes **Leibesertüchtigung** erschließt sich auch heute ohne Weiteres, wo es praktisch aus unserem Wortschatz verschwand und durch das aus dem Englischen übernommene Sport ersetzt wurde.
Der Sport übrigens ist aber so englisch gar nicht. Sein Vorgänger, der disport (= Zerstreuung, Vergnügen), kam über das französische de(s)porter (= [sich] zerstreuen, [sich] vergnügen) ursprünglich aus dem Lateinischen.
Das Verb deportare meint außer fortbringen (deportieren eben) vulgärlateinisch auch »zerstreuen, vergnügen«. Seit je enthält der Sport also etwas Spielerisches, Vergnügliches. Vielleicht sollten jene Zeitgenossen, die sich verbissen körperlich anstrengen, um mit Schweiß und Kraft die Erscheinungen des Alterns aufzuhalten, ihr Tun daher doch eher und ehrlicher als Leibesertüchtigung bezeichnen.

Len|zing, der; -s, -e [zu Lenz = Frühling; < mittelhochdeutsch lenze, althochdeutsch lenzo, zu lang, nach den länger werdenden Tagen]: *März.*

Lenz|mond, der [zu Lenz = Frühling; < mittelhochdeutsch lenze, althochdeutsch lenzo, zu lang, nach den länger werdenden Tagen]: *Lenzmonat (März).*

Lenz|tag, der [zu Lenz = Frühling; < mittelhochdeutsch lenze, althochdeutsch lenzo, zu lang, nach den länger werdenden Tagen]: *Frühlingstag.*

Licht|bild|ner, der: *Fotograf.*

Licht|spiel, das: *Film.*

Licht|spiel|haus, das: *Kino.*

Licht|spiel|the|a|ter, das: *Kino.*

Lin|nen, das; -s, - [mittelniederdeutsch linen, altsächsisch līnīn]: *Leinen.*

Lo|ret|te, die; -, -n [französisch lorette, nach der in einem Prostituiertenviertel gelegenen Kirche Notre-Dame de Lorette in

Paris]: *Lebedame; leichtfertiges Mädchen (besonders im Paris des 19. Jahrhunderts).*

Lo|sa|ment, das; -[e]s, -e [umgebildet aus Logement, aus französisch logement, zu: loge = abgeschlossener Raum < altfranzösisch loge < mittellateinisch lobia, aus dem Germanischen] (landschaftlich): *Wohnung, Unterkunft.*

Lot|ter, der; -s, - [zu mittelhochdeutsch lot(t)er, althochdeutsch lotar = locker, schlaff; nichtig; leichtfertig, verwandt mit liederlich] (abwertend): *Lotterbube.*

Lucht, die; -, -en [mittelniederdeutsch lucht, eigentlich = Luft, niederdeutsch -cht entspricht hochdeutsch -ft] (norddeutsch): *Dachboden.*

Lu|de|rer, der; -s, - [mittelhochdeutsch luoderære] (abwertend): *liederlicher Mensch.*

lu|der|haft ‹Adjektiv› (abwertend): *sehr, äußerst schlecht.*

lu|de|rig ‹Adjektiv› [mittelhochdeutsch luoderic] (abwertend): *schlampig, liederlich.*

lu|dern ‹schwaches Verb; hat› [mittelhochdeutsch luodern] (abwertend): *ausschweifend, liederlich leben.*

Lum|pa|zi, der; -s, -s, **Lum|pa|zi|us,** der; -, -se [scherzhaft latinisierte Bildung zu Lump] (scherzhaft): *Gauner, Vagabund.*

Lust|bar|keit, die; -, -en [mittelhochdeutsch lustbærecheit, zu: lustbære = Freude, Vergnügen bereitend] (gehoben): *Veranstaltung, bei der sich jemand vergnügt, sich angenehm die Zeit vertreibt.*

Lust|bar|keits|steu|er, die: *Vergnügungssteuer.*

Lüs|ter|weib|chen, das [zu Lüster]: *weibliche Figur als Kronleuchter.*

Lüst|ling, der; -s, -e (abwertend): *Mann, der in übersteigerter Weise an geschlechtlichen Dingen interessiert ist, sich sexuell betätigt.*

Lust|par|tie, die: *Vergnügungsfahrt.*

lust|wan|deln ‹schwaches Verb; ist/(auch:) hat› (gehoben): *in* *einem Park o. Ä. langsam und gemächlich spazieren gehen, sich ergehen.*

lustwandeln

Die Beschleunigung des Alltags spiegelt sich auch im Wortschatz wider: Es gibt neue Wörter nur für die schnellen Fortbewegungsarten, während die für die langsamen aussterben oder schon ausgestorben sind. Wir walken oder joggen durch die Natur, aber wir **lustwandeln,** ambulieren und promenieren nicht mehr, auch ergehen wir uns nicht mehr, allenfalls gehen wir vielleicht mal spazieren.

M

Magd|tum, das; -s: *Jungfräulichkeit.*

Ma|ge, der; -n, -n [mittelhochdeutsch, althochdeutsch māg, altes germanisches Wort, vgl. altnordisch māgr = Verwandter durch Heirat] (Rechtssprache): *Blutsverwandter.*

Mahl|knecht, der: *Lehrling oder Geselle in einer Mühle; Müllerbursche.*

Maid, die; -, -en [mittelhochdeutsch meit, zu: maget < althochdeutsch magad = Magd, Mädchen, Jungfrau]: *Mädchen, junge Frau.*

Ma|jo|ren|ni|tät, die; - (Rechtssprache): *Volljährigkeit, Mündigkeit.*

ma|ni|a|bel ‹Adjektiv; ...bler, -ste›: *leicht zu handhaben, handlich.*

maniabel

Wenn wir heute etwas handhaben, dann sind wir froh, wenn es ein gutes Handling ['hɛndlɪŋ] hat, zum Beispiel unser neues Handy. Als nicht das Englische, sondern das Französische maßgeblichen Einfluss auf die deutsche Sprache ausübte, hätte man die Sache als **maniabel** (zu französisch main aus lateinisch manus = Hand) bezeichnet. Und auch dafür hätte man kein besonderes Händchen haben müssen, weil die Sache schlicht so handlich konzipiert war, dass einem das Hantieren damit leicht von der Hand ging. Aber damals gab es ja auch noch keine Handys. Von Smartphones ganz zu schweigen.

Man|nes|wort, das ‹Plural -e›: *Aussage eines Mannes, auf die Verlass ist.*

Manns|leu|te ‹Plural› (umgangssprachlich): *Männer.*
Manns|per|son, die (umgangssprachlich): *[jemandem nicht näher bekannter] Mann.*
Map|pie|rung, die; -, -en: *kartografische Aufnahme und Wiedergabe.*
Mär|lein, das; -s, -: *Märchen.*
Mar|mel|stein, der: *Marmor.*
matt|her|zig ‹Adjektiv›: *ohne rechte innere Beteiligung (geschehend); halbherzig.*
Maul|schel|le, die [zu frühneuhochdeutsch schellen = schallen] (landschaftlich): *Ohrfeige.*
Me|cki, der; -s, -s (umgangssprachlich), **Me|cki|fri|sur,** die; -, -en [nach »Mecki«, einem Igel in der Zeitschrift »Hörzu«, eigentlich = Igelfrisur]: *Bürstenfrisur.*
me|di|sie|ren ‹schwaches Verb; hat› (bildungssprachlich): *lästern, schmähen.*
Meer|bu|sen, der: *größere Meeresbucht.*
Meer|fahrt, die: *Fahrt (mit dem Schiff) auf dem Meer, über das Meer.*
mes|quin [mɛsˈkɛ̃ː, attr.: mɛsˈkiːn...] ‹Adjektiv› [französisch mesquin < italienisch meschino < arabisch miskīn = arm(selig)] (bildungssprachlich): *kleinlich in seinem Handeln, Denken oder von einem entsprechenden Verhalten zeugend.*
Mess|tisch|blatt, das [zu Messtisch = (drehbar auf einem Stativ angebrachte) Zeichenplatte, auf der anhand von eingetragenen Festpunkten Geländepunkte für topografische Karten aufgenommen wurden)]: *Karte im Maßstab 1 : 25 000.*
Met|ze, die; -, -n [(spät)mittelhochdeutsch metze, ursprünglich = Mädchen (geringeren Standes); eigentlich mittelhochdeutsche Koseform der weiblichen Vornamen Mechthild, Mathilde]: *Prostituierte.*
Milch|ge|schwis|ter ‹Plural›: *Personen, die als Säuglinge von derselben Amme gestillt wurden, ohne miteinander verwandt zu sein.*

min|nen ‹schwaches Verb; hat› [mittelhochdeutsch minnen, althochdeutsch minnōn]: *lieben.*

Mis|se|tat, die; -, -en [mittelhochdeutsch missetāt, althochdeutsch missitāt] (gehoben): *verwerfliche Tat (die im Widerspruch zu Moral und Recht steht):* eine schreckliche, furchtbare Missetat; eine Missetat begehen, für seine Missetaten büßen müssen; die Kinder bereuten ihre Missetaten (scherzhaft; *Streiche*).

miss|zu|frie|den ‹Adjektiv›: *unzufrieden.*

Mit|gift, die; -, -en [spätmittelhochdeutsch mitegift, zu mit und mittelhochdeutsch, althochdeutsch gift = Gabe < mittelhochdeutsch, althochdeutsch gift, eigentlich = das Geben, Übergabe; Gabe]: *Vermögen, Aussteuer in Form von Geld und Gut, das einer Frau bei der Heirat von den Eltern mitgegeben wird:* eine stattliche Mitgift mitbekommen.

Mit|gift|jä|ger, der (abwertend): *jemand, der eine Frau nur ihrer Mitgift wegen heiratet, zu heiraten beabsichtigt.*

mit|nich|ten ‹Adverb› (gehoben, häufig spöttisch): *keineswegs, gewiss nicht; auf keinen Fall:* das ist mitnichten schön; er gehorchte mitnichten.

mitt|wegs ‹Adverb› (landschaftlich): *auf halbem Wege:* sie mussten mittwegs umkehren.

Mo|ham|me|da|nis|mus, der; -: *Islam.*

Mo|ke|rie, die; -, -n [französisch moquerie = Spott, zu: se moquer, mokieren]: *Spottlust.*

mor|bleu [mɔrˈblø] ‹Interjektion› [französisch, entstellt aus: mort de Dieu = Gottes Tod]: Fluch, Ausruf des Unwillens; *verwünscht! potztausend!*

Mord|bren|ne|rei, die ‹ohne Plural›: *Mord und Brandstiftung.*

mor|gend ‹Adjektiv›: *morgig:* der morgende Abend.

mu|ckisch ‹Adjektiv› (landschaftlich): *verdrießlich.*

Muh|me, die; -, -n [mittelhochdeutsch muome, althochdeutsch muoma, ursprünglich = Schwester der Mutter]: *Tante.*

mül|lern ‹schwaches Verb; hat›: *nach den Vorschriften des* *dänischen Gymnastiklehrers J. P. Müller (1866–1938) Gymnastik betreiben.*

Mum|me, die; -, -n [wohl Lallwort der Kindersprache]: *Maske, verkleidete Gestalt.*

mum|men ‹schwaches Verb; hat›: *einhüllen, einmummeln.*

Mund|tuch, das ‹Plural ...tücher›: *Stoffserviette.*

Murr|kopf, der: *mürrischer Mensch.*

Mut|geld, das [zu muten = um die Erlaubnis nachsuchen, das Meisterstück zu machen]: *Abgabe, die ein Geselle dem Meister zahlen muss, bei dem er sein Meisterstück anfertigt.*

M

N O

nächst|dem ⟨Adverb⟩: *unmittelbar darauf, gleich danach.*

Näg|lein, das; -s, - [Verkleinerungsform zu Nelke, älter: neilke < mittelniederdeutsch negelke, mittelhochdeutsch negellīn, eigentlich = kleiner Nagel, nach der Form der Gewürznelke]: *Nelke.*

Nä|sche|rei, die; -, -en ⟨meist Plural⟩ (gehoben): *Süßigkeit.*

Na|tur|the|a|ter, das: *Freilichttheater.*

Ne|bel|mo|nat, Ne|bel|mond, der: *November.*

Ne|be|lung, Neb|lung, der; -s, -e: *November.*

Ne|ben|ge|lass, das: *Nebenraum.*

Neid|hart, der; -[e]s, -e [eigentlich zum Appellativ gewordener alter männlicher Vorname (mittelhochdeutsch Nīthart, althochdeutsch Nīdhart, wohl = der im Kampf hart Gewordene)] (landschaftlich): *neidischer Mensch.*

Neo|myst, der; -en, -en [zu griechisch neómystos = neu eingeweiht]: *neu geweihter katholischer Priester.*

Ner|ven|heil|an|stalt, die: *psychiatrische Klinik.*

Neu|licht, das ⟨ohne Plural⟩: *Neumond.*

Nichts|nutz, der; -es, -e (abwertend; oft als Schimpfwort): *nichtsnutziger Mensch:* du bist ein Nichtsnutz.

Nie|der|kunft, die; -, …künfte (gehoben): *Entbindung.*

nit|sche|wo ⟨Interjektion⟩ [russisch ničego] (umgangssprachlich scherzhaft): *macht nichts!; das hat nichts zu bedeuten.*

Ob|män|nin, die; -, -nen: *Obfrau.*

Oheim, der; -[e]s, -e [mittelhochdeutsch, althochdeutsch ōheim, ursprünglich = Mutterbruder, 1. Bestandteil zu einem Substantiv mit der Bedeutung »Großvater mütterlicherseits« (vgl. gleichbedeutend lateinisch avus), 2. Bestandteil wahrscheinlich zu einem Adjektiv mit der Bedeutung »vertraut, lieb« (verwandt mit Heim)]: *Onkel.*

oh|ne|dem ‹Adverb›: *ohnehin.*

Oh|ren|blä|ser, der (abwertend): *jemand, der jemandem etwas einflüstert, jemanden heimlich verleumdet.*

Öko|no|mist, der; -en, -en: *Wirtschaftssachverständiger.*

Öl|süß, das: *Glyzerin.*

Or|log, der; -s, -e und -s [niederländisch oorlog]: *Krieg.*

Os|ter|mo|nat [mittelhochdeutsch ōstermānōt, althochdeutsch ōstarmānōth], **Os|ter|mond,** der ‹Plural selten›: *April.*

Ot|to|ma|ne, die; -, -n: *eine alte Form der gepolsterten Liege (ohne Rücken- und Armlehnen).*

Ottomane

Sofas, Couchs, Sessel und, wenn man den Prospekten der Möbelhändler glauben will, auch Sitzlandschaften – das sind die heute üblichen Polstermöbel in westeuropäischen Wohnzimmern. Wo aber sind die Ottomanen geblieben? Eine Ottomane war eine niedrige, gepolsterte Liege ohne Arm- oder Rückenlehne (im Unterschied zur Chaiselongue), möglicherweise bezogen mit einem breit und kräftig gerippten Dekorationsstoff namens Ottoman. Beide Wörter kamen über das Französische ins Deutsche, und beide nehmen Bezug aufs Osmanische (französisch ottoman): Der Ottoman, das ist der Osmanische/Türkische (Stoff) und die Ottomane die Osmanische/Türkische (Liege). Ob ihr Niedergang wohl mit dem Niedergang des Osmanischen Reiches einherging?

P Q

par|bleu [...'blø:] ‹Interjektion› [französisch, entstellt aus: par Dieu! = bei Gott!]: Ausruf des Erstaunens, des Unwillens.

par|dauz ‹Interjektion› [lautmalend für ein beim Hinfallen von etwas verursachtes Geräusch]: Ausruf der Überraschung o. Ä., wenn jemand, etwas plötzlich hinfällt: pardauz!, da lag er auf der Nase.

par|do|na|bel ‹Adjektiv; ...bler, -ste› [französisch pardonnable]: *verzeihlich.*

Par|rhe|sie, die; - [griechisch parrhēsía]: *Freimütigkeit im Reden.*

Par|ti|kü|li|er [...'li̯e:], der; -s, -s [französisch particulier]: *Privatmann; Rentner.*

Par|ti|ten|ma|cher, der: *listiger Betrüger.*

pa|scholl ‹Interjektion› [russisch pošël = geh weg!] (umgangssprachlich): *vorwärts!*

Pas|quill, das; -s, -e [italienisch pasquillo, nach einer im Volksmund »Pasquino« genannten Skulptur in Rom, an der (besonders im 16. und 17. Jahrhundert) Schmähschriften angebracht wurden] (bildungssprachlich): *(meist anonyme) Schmäh-, Spottschrift.*

Pa|zis|zent, der; -en, -en (Rechtssprache): *jemand, der einen Vertrag schließt oder einen Vergleich mit einem anderen eingeht.*

Pe|dell, der; -s, -e, österreichisch meist: -en, -en [spätmittelhochdeutsch pedell, bedell < mittellateinisch pedellus, bedellus = (Gerichts)diener < althochdeutsch bitil, butil, Büttel]: *Hausmeister einer Schule oder Hochschule.*

Pen|nä|ler, der; -s, - [zu ↑Penne]: *Schüler (einer höheren Schule), Gymnasiast.*

Pennäler

Wenn ein **Pennäler** sich morgens verabschiedete, um in die Penne zu gehen, dann dürfte er das dringende Bedürfnis gehabt haben, dort nach vielleicht durchzechter Nacht endlich zu pennen, sicher in der Hoffnung, nicht noch erst dem Pedell in die Arme zu laufen. In der Übersetzung in Jetztsprache heißt das nichts weiter, als dass ein Gymnasiast sich in die Schule begab, um dort ein bisschen zu dösen, vielleicht sogar fest zu schlafen. Und dass er hoffte, nicht vom Hausmeister abgefangen zu werden, der seine sprichwörtliche schlechte Laune an ihm auslassen hätte können.

Pen|ne, die; -, -n [zu gleichlautend (umgangssprachlich abwertend) »behelfsmäßiges Nachtquartier«, dieses aus der Gaunersprache (vielleicht zu hebräisch binyä = Gebäude) oder gekürzt aus zigeunersprachlich štilepen = Gefängnis; und zu mittellateinisch pennale = Federkasten, zu lateinisch penna = Feder; sowie möglicherweise zu pennen < hebräisch pena'y = Muße]: *(höhere) Schule, Gymnasium.*

Pen|si|o|nat, das; -[e]s, -e [französisch pensionnat]: *Internat, besonders für Mädchen.*

Pen|ta|me|ron, das; -s [italienisch (il) Pentamerone (unter Anlehnung an das Dekameron, italienisch Decamerone, Boccaccios) zu griechisch pénte = fünf und hēméra = Tag]: Sammlung neapolitanischer Märchen, die der Herausgeber G. Basile (1575–1632) in fünf Tagen erzählen lässt.

Pe|pi|ni|e|re, die; -, -n [französisch pépinière, zu: pépin = Kern]: *Baumschule.*

per|lu|so|risch ‹Adjektiv›: *vorspiegelnd; scherzend.*

Pe|tit Maî|t|re [pəti'mɛtr(ə)], der; - -, - -s [pəti'mɛtr] [französisch petit-maître, eigentlich = kleiner Herr] (bildungssprachlich): *eitler (junger) Mann mit auffallend modischer Kleidung und auffälligem Benehmen.*

Pfef|fer|sack, der [eigentlich = Sack mit Pfefferkörnern, dann spöttisch für den Kaufmann, der damit handelt (und durch

P

den Pfefferhandel reich geworden ist)] (abwertend): *reicher Händler, Geschäftsmann, Großkaufmann.*

Pfinz|tag, der; -[e]s, -e [mittelhochdeutsch phinztac, pfingstac, althochdeutsch nicht belegt, über das Gotische < griechisch pémptē hēméra = der fünfte Tag (der Woche)] (bayrisch, österreichisch mundartlich): *Donnerstag.*

Pfründ|haus, das (landschaftlich): *Altenheim, Armenhaus.*

Phi|lo|ma|thie, die; - [griechisch philomathía, zu: matheĩn = Infinitiv Aorist von: manthánein = lernen] (bildungssprachlich): *Wissensdrang.*

Pi|èce de Ré|sis|tance [pjɛsdərezisˈtã:s], die; - - -, -s - - [französisch pièce de résistance = Hauptstück, schwierigster Teil, zu: résistance = Widerstand]: *Hauptgericht; großes Fleischstück.*

Pin|ce|nez [pɛ̃s(ə)ˈne:], das; - [...ˈne:(s)], - [...ˈne:s] [französisch pince-nez, zu: pincer = kneifen, zwicken) und nez = Nase]: *Kneifer, Zwicker.*

Ping|pong, das; -s [englisch ping-pong, lautmalend] (oft abwertend): *(nicht turniermäßig betriebenes) Tischtennis:* Pingpong spielen.

plä|sier|lich ‹Adjektiv› (landschaftlich): *vergnüglich.*

Plein|pou|voir [plɛ̃puˈvo̯a:ɐ̯], das; -s [französisch plein pouvoir, aus: plein = völlig und pouvoir = Vollmacht] (bildungssprachlich): *uneingeschränkte Vollmacht.*

Po|ma|den|hengst, der (umgangssprachlich abwertend): *jemand, der durch sein pomadiges Haar auffällt.*

Pom|pa|dour [...du:ɐ̯], der; -s, -e und -s [nach der Marquise de Pompadour (1721–1764), der Mätresse Ludwigs XV.]: *aus weichem Material in Form eines Beutels gefertigte Tasche für Frauen.*

Porte|chai|se, die; -, -n [zu französisch chaise à porteurs = Stuhl für Träger; Sänfte zu -porte = träger (dies zu porter = tragen) und chaise = Stuhl; Sessel, wohl Analogiebildung zu Portefeuille, Portemonnaie]: *Tragsessel, Sänfte.*

Port|juch|he [auch: ˈpɔrtjʊxhe], das; -s, -s [entstellt aus Portemonnaie; 2. Bestandteil zu juchhe unter Anspielung auf schnell ausgegebenes, verjubeltes Geld] (umgangssprachlich scherzhaft): *Portemonnaie.*

pous|sie|ren ⟨schwaches Verb; hat⟩ [wohl unter Einfluss von »an sich drücken« zu französisch pousser = drücken, stoßen < lateinisch pulsare, pulsieren] (landschaftlich): *mit jemandem eine Liebschaft haben, flirten.*

Pu|gi|list, der; -en, -en: *Boxer.*

Putz|ma|cher, der: *Hutmacher.*

Putz|wa|ren ⟨Plural⟩: *modische Accessoires (wie Spitzen, Paspeln, Bordüren, Kordeln u. Ä.), mit denen man ein Kleidungsstück herausputzt.*

Putzwaren

Putzwaren sind mitnichten das, was die chemische Industrie an Schaumigem, Flüssigem oder Festem, praktisch immer aber Duftendem für die Reinigung in Haus und Hof feilbietet. Putzwaren, sofern sie heute überhaupt noch zum Einsatz kommen, eignen sich denkbar schlecht zum Saubermachen, und überdies wären sie dafür auch viel zu schade: Das waren ehedem modische Accessoires wie Borten, Spitzen, Paspeln, Bordüren, Volants oder gar Quasten in Zeiten, als die Mode – vor allem die der Schönen und Reichen – mit solcherart kostbaren Zugaben »aufgeputzt«, also geschmückt und verziert wurde. Wie schmuck diese Zierde auch immer gewesen sein mag – aus etymologischer Sicht hatte sie nie etwas Putziges an sich. Dieses Wort nämlich geht zurück auf »Butz«, die niederdeutsche Bezeichnung für Kobold.

Q

quer|hin ⟨Adverb⟩: *quer in eine bestimmte Richtung hin:* querhin durch die Wüste ziehen.

Quick|born, der [zu Born = Brunnen, Wasserquelle: aus dem Niederdeutschen < mittelniederdeutsch born, mit Umstellung des r aus Bronn]: *Jungbrunnen.*

R

ra|do|tie|ren ‹schwaches Verb; hat› [französisch radoter, vielleicht aus dem Germanischen (vgl. mittelniederländisch doten = träumen; kindisch werden)]: *faseln, ungehemmt schwatzen.*

Re|a|li|en|buch, das: *Schulbuch, in dem besonders die Naturwissenschaften behandelt sind.*

Re|che|nei, Rech|nei, die; -, -en: *Rechnungsamt.*

Re|ga|li|tät, die; -, -en [zu Regal] (Rechtssprache): *Anspruch auf den Besitz von Hoheitsrechten.*

ren|ken ‹schwaches Verb; hat› [mittelhochdeutsch renken, althochdeutsch (bi)renkan, verwandt mit wringen]: *drehend hin und her bewegen.*

Re|s|tau|ra|teur [...ora'tøːɐ̯], der; -s, -e: *Gastwirt, Gastronom.*

Restaurateur

Viele Berufsbezeichnungen sind untergegangen, weil die Berufe, die sie bezeichneten, untergegangen sind. Beim **Restaurateur** ist es etwas anderes: Es gibt ihn nach wie vor; nur nennt er sich so nicht mehr. Der Restaurateur – nicht zu verwechseln mit dem Restaurator, der Kunstwerke, Antiquitäten oder Gebäude wiederherstellt – war Betreiber eines Restaurants, mithin Gastwirt oder Gastronom. Das Wort kam aus Frankreich, dem Land der einflussreichsten Küche Europas, nach Deutschland und offenbart etymologisch, dass es auch hier um die Herbeiführung eines verloren gegangenen Zustands geht: Französisch »restaurer« bedeutet »wiederherstellen«, »stärken« und kann ohne Weiteres außer auf Gegenstände auch auf Leib und Seele bezogen werden.

Rez-de-Chaus|sée [redəʃoˈse:], das; -, - [französisch rez-de-chaussée, eigentlich = in Höhe der Straße]: *Erdgeschoss.*

Richt|büh|ne, die: *Schafott.*

Ries|ter, der; -s, - [aus dem Alemannischen, Herkunft ungeklärt; vielleicht verwandt mit mittelhochdeutsch riuȝe = Schuster]: *kleines Stück Leder, mit dem das Oberleder eines Schuhes geflickt wird.*

Ro|bin|so|na|de, die; -, -n [nach dem englischen Torhüter John Robinson, 1878–1949] (Fußball): *das Hechten des Torhüters nach dem Ball als gekonnte Abwehrreaktion.*

Ro|do|mon|ta|de, die; -, -n [französisch rodomontade, italienisch rodomontata, nach der Gestalt des heldenhaften und stolzen Rodomonte in Werken der italienischen Dichter M. M. Boiardo (1440–1494) und L. Ariosto (1474–1533)]: *Aufschneiderei, Großsprecherei.*

ro|do|mon|tie|ren ‹schwaches Verb; hat›: *prahlen.*

R

S

sa|cker|lot ‹Interjektion› [älter französisch sacrelot, entstellt aus: sacre nom (de Dieu) = heiliger Name (Gottes)]: Ausruf des Erstaunens oder der Verwünschung.

sa|cker|ment ‹Interjektion› [entstellt aus Sakrament]: Ausruf des Erstaunens, der Verwünschung.

Sage Femme [saʒ 'fam], die; - -, Sages Femmes [saʒ 'fam] [französisch sage-femme, eigentlich = weise Frau, aus: sage = weise und femme = Frau]: *Hebamme.*

Sa|lop|pe|rie, die; -, -n [französisch saloperie, zu: salope = dreckig, schmierig, schlampig, salopp, Herkunft ungeklärt]: *Unsauberkeit; Nachlässigkeit.*

Sam|met, der; -s, -e: *Samt.*

San|ges|lust, die (gehoben): *Lust am Singen.*

Sang-froid [sã'frwa], das; - [französisch sang-froid, zu: sang = Blut und froid = Kälte] (bildungssprachlich): *Kaltblütigkeit.*

sap|per|lot ‹Interjektion› [vgl. sackerlot] (landschaftlich): Ausruf der Verwunderung, des Unwillens, des Zorns o. Ä.: sapperlot, das hätte ich ihm gar nicht zugetraut!

sap|per|ment ‹Interjektion› [vgl. sackerment] (landschaftlich): *sapperlot.*

sä|sie|ren ‹schwaches Verb; hat› [französisch saisir, aus dem Germanischen]: *ergreifen, in Beschlag nehmen.*

säu|men ‹schwaches Verb; hat› [mittelhochdeutsch sūmen, Herkunft ungeklärt] (gehoben): *aus Nachlässigkeit oder Trägheit mit der Ausführung von etwas warten; sich bei etwas zu lange aufhalten:* du darfst nicht länger säumen; sie kamen, ohne zu säumen; ‹substantiviert:› sie machten sich ohne Säumen auf den Weg.

Saum|sal, die; -, -e oder das; -[e]s, -e [mittelhochdeutsch sūmesal]: *Säumigkeit.*

Schapf, der; -[e]s, -e, **Schap|fe,** die; -, -n [Nebenform von Schaff = Gefäß; < mittelhochdeutsch schaf = offenes Gefäß; Kornmaß; kleines Schiff, althochdeutsch scaph = Gefäß, ursprünglich = Ausgehöhltes, verwandt mit schaffen] (landschaftlich): *Gefäß mit langem Stiel zum Schöpfen.*

schar|len|zen ‹schwaches Verb; ist› [wohl aus älter neuhochdeutsch schalantzen = (müßig) umherschlendern]: *müßig herumgehen und gaffen.*

Schar|man|te, die; -, -n: *Liebste.*

schar|mut|zie|ren ‹schwaches Verb; hat›: [spätmittelhochdeutsch scharmitzieren] (landschaftlich): *flirten.*

Schar|werk, das ‹Plural selten› [mittelhochdeutsch scharwerc, zu: schar (Schar) = in festgelegter Reihenfolge umgehende (Verpflichtung zur) Fronarbeit] (landschaftlich): *harte Arbeit, Fronarbeit.*

schar|wer|ken ‹schwaches Verb; hat› (landschaftlich): *hart und schwer arbeiten.*

schat|zen ‹schwaches Verb; hat› [mittelhochdeutsch schatzen, althochdeutsch scazzōn = Schätze sammeln; besteuern]: *mit Abgaben belegen.*

Schau|ben|dach, das: *Strohdach.*

Scheel|sucht, die ‹ohne Plural›: *Neid, Missgunst.*

scheel|süch|tig ‹Adjektiv›: *neidisch, missgünstig.*

Schei|ding, der; -s, -e [eigentlich = der Sommer und Herbst Scheidende]: *September.*

schieg ‹Adjektiv› (süddeutsch): schief.

Schil|de|rei, die; -, -en [niederländisch schilderij, zu: schilderen = (Wappen) malen; anstreichen, schildern]: *bildliche Darstellung.*

schimp|fie|ren ‹schwaches Verb; hat› [mittelhochdeutsch schim-, schumfieren < altfranzösisch (d)esconfire = besiegen, des Ansehens berauben (Bedeutungswandel parallel zu

S

Schimpf = Spott, Hohn; mittelhochdeutsch schimph, althochdeutsch scimph)]: *verunglimpfen, entehren.*

Schlacht|ross, das ‹Plural -e›: *für den Einsatz im Kampf, in der Schlacht abgerichtetes Pferd:* Ü er ist ein altes Schlachtross (umgangssprachlich; *ist sehr erfahren*).

Schluft, die; -, Schlüfte [mittelhochdeutsch sluft = das Schlüpfen; Schlucht]: *Schlucht.*

Schna|ke, die; -, -n [älter: Schnacken, zu mittelniederdeutsch snacken = reden, sprechen; unter Bezug auf Grille (= Insekt, bei dem die männlichen Tiere einen zirpenden Laut hervorbringen, sowie ein sehr sonderbarer, schrulliger Gedanke, Einfall)]: an Schnake [= (zu den Mücken gehörendes) Insekt angelehnt] (norddeutsch): *lustiger, drolliger Einfall; Schnurre.*

schna|kig ‹Adjektiv› [zu ↑Schnake] (norddeutsch): *lustig, drollig; schnurrig.*

Schnapp|sack, der [eigentlich = Sack, aus dem man sich etwas zu essen schnappt]: *Rucksack, Ranzen, Tasche für Proviant.*

Schnatz, der; -es, Schnätze (westmitteldeutsch): *Kopfputz [der Braut, der Taufpatin] mit Haarkrönchen.*

Schnee|mond, der ‹Plural selten›: *Januar.*

Schnei|der|fo|rel|le, die (umgangssprachlich scherzhaft): *Hering.*

Schnupf|tuch, das ‹Plural ...tücher›: *Taschentuch.*

Schnur, die; -, -en [mittelhochdeutsch snu(or), althochdeutsch snur(a), Herkunft ungeklärt] (landschaftlich): *Schwiegertochter.*

Schnur|re, die; -, -n [älter = Schnurrpfeife; schnurrende Pfeife der Kinder, auch der Bettelmusikanten, dann: Kinderei, Unnützes]: *kurze unterhaltsame Erzählung von einer spaßigen oder wunderlichen Begebenheit.*

schnur|rig ‹Adjektiv› [zu ↑Schnurre]: *in belustigender Weise komisch:* eine schnurrige Geschichte; ein schnurriger Einfall; ein schnurriger Alter, Kauz; ich finde die Idee etwas schnurrig.

scho|ckant ‹Adjektiv› [französisch choquant, eigentlich 1. Partizip von: choquer = (an)stoßen, beleidigen]: *zur Entrüstung Anlass gebend; empörend; anstößig.*

Schọck|schwe|re|nọt: Ausruf des Unwillens, der Entrüstung.

Schol|ti|sei, die; -, -en [spätmittelhochdeutsch scholtissīe, zu: scholtheiȝe = Schultheiß] (norddeutsch): *Amt des Gemeindevorstehers.*

schon|sam ‹Adjektiv›: *schonend.*

Schu|hu, der; -s, -s [lautmalend] (landschaftlich): *Uhu.*

Schul|die|ner, der: *Hausmeister einer Schule.*

Schur, der; -[e]s [mittelhochdeutsch schuor, (mitteldeutsch) schūr, zu scheren]: *Verdruss, Plage, Schererei:* * **jemandem einen Schur tun** *(jemanden ärgern, jemandem absichtlich Verdruss, Ärger bereiten);* **etwas jemandem zum Schur tun** (*etwas tun, um jemanden zu ärgern, ihm Verdruss zu bereiten:* das tut er mir zum Schur).

schwạl|chen ‹schwaches Verb; hat›: *qualmen, rußen:* die Kerze schwalcht.

Schwe|fel|holz, das ‹Plural ...hölzer›, **Schwe|fel|hölz|chen,** das: *Zündholz.*

Schweif|stern, der: *Komet.*

Schwịnd|sucht, die [spätmittelhochdeutsch swintsucht für griechisch phthísis = das Schwinden, Auszehrung]: *Lungentuberkulose:* die Schwindsucht haben.

schwịnd|süch|tig ‹Adjektiv›: *an Schwindsucht (Lungentuberkulose) leidend.*

Schwịrr|vo|gel, der: *Kolibri.*

See|len|hirt, See|len|hir|te, der (scherzhaft): *Geistlicher.*

seh|ren ‹schwaches Verb; hat› [mittelhochdeutsch sēren, zu althochdeutsch sēr (Adjektiv) = wund, verwundet, schmerzlich] (landschaftlich): *versehren, verwunden.*

sei|g|neu|ral [zɛnjøˈraːl] ‹Adjektiv›: *vornehm, weltmännisch.*

Seim, der; -[e]s, -e [mittelhochdeutsch (honec)seim, althochdeutsch (honang)seim, Herkunft ungeklärt] (gehoben): *klebrige, zähe Flüssigkeit.*

S

sei|mig ‹Adjektiv› (gehoben): *dick-, zähflüssig.*
selb|an|der ‹Adverb›: *zu zweit miteinander.*
selb|dritt ‹Adverb›: *zu dritt miteinander:* er war selbdritt *(mit zwei weiteren Personen)* unterwegs; eine Anna selbdritt (Kunstwissenschaft; *Darstellung Annas, der Mutter Marias, mit dieser und dem Jesuskind als Dreiergruppe*) von Leonardo.
Selbst|an|schluss, der: *ein Telefonanschluss, der Ferngespräche ohne technische Vermittlung durch das früher dafür zuständige »Fernamt« ermöglicht.*
Selbst|be|fle|ckung, die: *Onanie.*
selbst|ei|gen ‹Adjektiv›: *jemandem, einer Sache selbst [zu]gehörend:* in selbsteigener Verantwortung.
Selbst|wähl|fern|dienst, der: *über das Ortsnetz hinausgehendes Telefonieren ohne technische Vermittlung durch das früher dafür zuständige »Fernamt«.*
Ser|vis [zɛrˈvi:s], der; - [französisch service = Dienstleistung, Service]: **1.** *Dienst, Dienstleistung.* **2. a)** *Geld für Verpflegung, Unterkunft;* **b)** *Orts-, Wohnungszulage.*
Siech|bett, das: *Krankenbett.*
sie|chen ‹schwaches Verb; hat› [mittelhochdeutsch siechen, althochdeutsch siuchan, siuchēn]: *siech sein, über eine längere Zeit und ohne Aussicht auf Besserung krank, schwach und hinfällig sein:* sie siechte schon seit mehreren Monaten vor sich hin.
Sied|ler|stolz, der (landschaftlich scherzhaft): *selbst gezogener Tabak:* er raucht Siedlerstolz.
sin|te|mal, sin|te|ma|len ‹Konjunktion› [mittelhochdeutsch sintemāl, eigentlich = seit der Zeit]: *weil; zumal:* * **sintemal und alldieweil** (scherzhaft; *weil*).
sit|tig ‹Adjektiv› [mittelhochdeutsch sitec, althochdeutsch sitig, zu Sitte]: *sittsam, tugendhaft; keusch:* ein sittiges Benehmen; sittig die Augen niederschlagen.
sit|ti|gen ‹schwaches Verb; hat›: *zur Gesittung, zu sittlichem, zivilisiertem Verhalten führen, beitragen.*

so|cken ‹schwaches Verb; ist› [eigentlich = sich auf die Socken machen, ursprünglich = Socken anziehen] (landschaftlich): *eilig, schnell gehen, laufen:* durch die Gegend socken.

Söh|ne|rin, die; -, -nen: *Schwiegertochter.*

Soh|nes|frau, Sohns|frau, die: *Schwiegertochter.*

soi-di|sant [swadiˈzã] ‹indeklinables Adjektiv› [französisch, aus: soi = sich und disant, 1. Partizip von: dire = sagen, nennen, eigentlich = sich nennend]: *angeblich; sogenannt.*

Som|mer|fri|sche, die ‹Plural selten›: *(Besitzung für den) Erholungsaufenthalt im Sommer auf dem Land, an der See, im Gebirge.*

Sommerfrische

Praktisch seit je hatte der Adel mehrere Besitzungen, die er das Jahr über nacheinander aufsuchte. Im Winter war das eine leicht zu beheizende Wohnung in der Stadt mit allen Annehmlichkeiten des urbanen Lebens, im Sommer ein Gut auf dem Land, wo die Luft und das Essen frisch und gut waren. Sowohl dieser Ort auf dem Land als auch der Aufenthalt dort wurde als **Sommerfrische** bezeichnet.
Nachdem im 19. Jahrhundert die Eisenbahnen dem Reisen erheblich von seiner Beschwerlichkeit genommen hatten, kamen immer mehr Sommerfrischler, vor allem aus dem Bürgertum, hinzu. In Ermangelung eigenen Landbesitzes aber mussten sie sich in Hotels und Pensionen einmieten, wodurch sie die Entwicklung eines modernen Tourismus forcierten. Mit dem jüngeren Angestelltendasein verschwand auch die Sommerfrische, und an ihre Stelle trat der »Urlaub«. Sein sprachgeschichtlicher Kern weist darauf hin, dass Freizeitreisen erlaubt werden müssen: vom Arbeitgeber.

S

Som|mer|mond, der ‹ohne Plural› (dichterisch): *Sommermonat (Juni).*

son|der ‹Präposition mit Akkusativ; meist in Verbindung mit Abstrakta› [mittelhochdeutsch sunder (Adverb), althochdeutsch suntar (Adverb) = abseits, für sich, auseinander, vgl. altindisch sanu-tár = abseits] (gehoben): *ohne:* sonder allen Zweifel.

so|tan ‹Adjektiv› [spätmittelhochdeutsch sōtān, zusammengezogen aus mittelhochdeutsch sōgetān]: *solch; so beschaffen.*

spa|ten ‹schwaches Verb; hat› (landschaftlich): *umgraben.*

Spei|se|haus, das: *Restaurant.*

Spe|zi|a|li|en ‹Plural›: *Besonderheiten, Einzelheiten.*

Sport|feld, das: *repräsentative Wettkampfstätte; Stadion.*

Sprech|stun|den|hel|fe|rin, die: *Arzthelferin.*

Sprech|stun|den|hil|fe, die: *Arzthelferin.*

Spü|licht, das; -s, -e [frühneuhochdeutsch spülig, mittelhochdeutsch spüelach]: *Wasser, mit dem Geschirr gespült worden ist oder das beim Säubern der Wohnung benutzt worden ist:* das Spülicht auf die Straße gießen; der Kaffee schmeckt ja wie Spülicht!

Spül|stein, der (landschaftlich): *Spülbecken.*

Sta|fet|ten|lauf, der (Sport): *Staffellauf.*

Steh|kra|gen|pro|let, Steh|kra|gen|pro|le|ta|ri|er, der (abwertend): *Angehöriger der Arbeiterklasse, der sich aufgrund seines Aufstiegs als Angestellter über seine Standesgenossen erhebt.*

Stein|öl, das ‹ohne Plural›: *Petroleum.*

Stell|dich|ein, das; -[s], -[s] [Lehnübersetzung von französisch rendez-vous = substantivierte 2. Person Plural Imperativ von: se rendre = sich irgendwohin begeben]: *verabredetes [heimliches] Treffen von zwei Verliebten; Rendezvous:* ein Stelldichein [mit jemandem] haben; zu einem Stelldichein gehen; sie erschien nicht zum vereinbarten Stelldichein; * **sich ein Stelldichein geben** *(zusammentreffen, sich versammeln).*

Stem|pel|geld, das ‹ohne Plural› (umgangssprachlich): *Arbeitslosengeld, -hilfe.*

Stick|hus|ten, der: *Keuchhusten.*

Stelldichein

In Zeiten, in denen über Liebe und Sex auch in der Öffentlichkeit bedenkenlos und ausführlich gesprochen werden kann, sind **Stelldicheins** selten geworden. Aussterben werden sie dennoch vermutlich nie ganz. Möglicherweise allerdings das Wort dafür, das mehr und mehr durchs englische »Date« ersetzt wird. Diesem allerdings fehlt eine Bedeutungnuance, die für manche Beteiligte von elementarer Bedeutung ist: die Heimlichkeit, ob vor den Eltern, den Nachbarn oder dem (Ehe-)Partner. Das Stelldichein ist eine rund 200 Jahre alte Lehnübersetzung des französischen Rendezvous und bezeichnet wesentlich mehr als irgendeine Verabredung: Es ist das heimliche Treffen von zwei Verliebten.

Strauch|dieb, der (Schimpfwort): *herumstreifender, sich in Gebüschen versteckt haltender Dieb:* du siehst ja aus wie ein Strauchdieb (umgangssprachlich; *abgerissen, zerlumpt*); wir wurden als Betrüger und Strauchdiebe beschimpft.

Strun|ze, die; -, -n [zu strunzen, ursprünglich = umherschweifen, Herkunft ungeklärt] (besonders [süd]westdeutsch): *Schlampe.*

Sturz|acker, der: *umgepflügtes Feld.*

Sturz|bad, das: *medizinischer Wasserguss.*

Stu|ten|bä|cker, der [zu Stuten = norddeutsch für Rosinen-, Korinthenbrot, Hefegebäck] (norddeutsch): *Konditor.*

Suk|kur|sa|le, die; -, -n: *Filiale einer Firma.*

sy|ba|ri|tisch [auch: ...ˈrɪ...] ‹Adjektiv› (bildungssprachlich): *genusssüchtig, schwelgerisch.*

Sy|r|te, die; -, -n [griechisch sýrtis]: *Untiefe.*

S

T U

tan|da|ra|dei ⟨Interjektion⟩ [mittelhochdeutsch tandaradei, lautmalend für den Vogelschlag]: Ausruf der Freude.

Tan|nicht, Tän|nicht, das; -[e]s, -e: *kleiner Tannenwald, Dickicht von Tannen.*

Ta|ta|ren|mel|dung, Ta|ta|ren|nach|richt die [nach der von einem tatarischen Reiter in osmanischen Diensten 1854 nach Bukarest gebrachten Falschmeldung von der Einnahme Sewastopols, die nachhaltig das Geschehen in der Politik und an der Börse beeinflusste]: *nicht sehr glaubhafte [Schreckens]nachricht.*

Ter|me, der; -n, -n [französisch terme, eigentlich = Grenze, Begrenzung < (mittel)lateinisch terminus]: *Grenzstein.*

Thé dan|sant [tedãˈsã:], der; - -, -s -s [tedãˈsã:] [französisch thé dansant = Tanztee]: *kleiner [Haus]ball.*

The|o|ma|nie, die; -, -n [griechisch theomanía, zu: manía = Wahnsinn]: *religiöser Wahn[sinn].*

Tin|gel|tan|gel [auch: ...ˈtaŋ...], das (österreichisch nur so), auch: der; -s, - [ursprünglich berlinerisch für Café chantant (frz. veraltet = Café mit Musik-, Gesangsdarbietungen); lautmalerisch für die hier gespielte Musik] (abwertend): **1.** *als niveaulos, billig empfundene Unterhaltungs-, Tanzmusik:* das Tingeltangel der Musikautomaten. **2.** *Lokal, in dem verschiedenerlei Unterhaltung ohne besonderes Niveau geboten wird:* sie arbeitet als Tänzerin in einem Tingeltangel. **3.** *Unterhaltung, wie sie in einem Tingeltangel (2) geboten wird.*

Toch|ter|mann, der ⟨Plural ...männer⟩ (landschaftlich): *Schwiegersohn.*

Tingeltangel

Bevor das Privatfernsehen die Aufgabe übernahm, die Massen zu unterhalten, waren es die **Tingeltangel** genannten Lokale beziehungsweise die gleichnamige (musikalische) Unterhaltung. Diese »Singhallen niedrigster Art mit burlesken Gesangsvorträgen und Vorstellungen« (Meyers Konversationslexikon von 1905) standen nicht selten unter polizeilicher Beobachtung, weil die Gefahr der Sittenlosigkeit doch als sehr bedrohlich eingeschätzt wurde. Der Niedergang der Tingeltangel mag nicht weiter bedauernswert sein, wohl aber der Umstand, dass die Wortherkunft unklar ist. Eine Version führt das Wort »Tingeltangel« auf einen in Berlin wirkenden Gesangskomiker mit Namen Tange zurück, der mit seinem Triangellied große Erfolge gefeiert haben soll. Demnach wäre aus Verkürzung und Angleichung der Wörter Triangel und Tange das neue »Tingeltangel« entstanden.

Ton|stück, das: *Musikstück.*

topp ‹Interjektion› [aus der niederdeutschen Rechtssprache, Bezeichnung des (Hand)schlags (bei Rechtsgeschäften), Herkunft ungeklärt]: Ausruf der Bekräftigung nach einer vorausgegangenen [mit einem Handschlag besiegelten] Abmachung o. Ä.; *einverstanden!:* topp, die Wette gilt!; * **topp machen** *(sich einigen).*

Tor, der; -en, -en [mittelhochdeutsch tōre, eigentlich = der Umnebelte, Verwirrte, zu Dunst] (gehoben): *jemand, der töricht, unklug handelt, weil er Menschen, Umstände nicht richtig einzuschätzen vermag; weltfremder Mensch:* ein gutmütiger, reiner, tumber Tor.

Trä|teur [...ˈtøːɐ̯], der; -s, -e [französisch traiteur, eigentlich = »Behandler«]: *Gastwirt.*

traun ‹Adverb› [mittelhochdeutsch in triuwen, entriuwen = in Treue, in Wahrheit, eigentlich Dativ Plural von: triuwe, Treue]: *fürwahr.*

T

tro|kie|ren ‹schwaches Verb; hat› [französisch troquer, ursprünglich wohl lautmalend]: *Waren austauschen.*

Tu|li|pan, der; -[e]s, -e, **Tu|li|pa|ne,** die; -, -n [wohl < italienisch tulipano < französisch tulipan < türkisch tülbent, tülbant, persisch tūlband, Tulpe]: *Tulpe.*

tur|nie|ren ‹schwaches Verb; hat›: *in einem Turnier kämpfen.*

Tüt|tel, der; -s, - [spätmittelhochdeutsch tüttel, tit(t)el, eigentlich = Brust(spitze)] (landschaftlich): *Pünktchen:* auf dem i fehlt noch der Tüttel.

Über|he|bung, die: *Überheblichkeit.*

über|hin ‹Adverb›: *obenhin.*

über|jäh|rig ‹Adjektiv›: *älter, schon länger bestehend als gewöhnlich:* ein überjähriges Leiden; die Kuh ist überjährig (Landwirtschaft; *kalbt erst im vierten Jahr*).

Ucht, Uch|te, die; -, ...ten [mittelniederdeutsch uhte, altsächsisch uhta, Herkunft ungeklärt] (norddeutsch): *Morgendämmerung.*

um|ru|beln ‹schwaches Verb; hat› (umgangssprachlich): *in eine andere Währung umwechseln.*

Un|art, der; -[e]s, -e: *unartiges Kind.*

Un|band, der; -[e]s, -e und ...bände [zu unbändig] (landschaftlich): *sich nicht bändigen lassendes Kind.*

Un|flat, der; -[e]s [mittelhochdeutsch unvlāt, eigentlich = Unsauberkeit, zu mittelhochdeutsch vlāt, althochdeutsch flāt = Sauberkeit, Schönheit, zu mittelhochdeutsch vlæjen, althochdeutsch flāwen = spülen, waschen, säubern] (gehoben): *widerlicher, ekelhafter Schmutz, Dreck:* ihm schauderte vor dem Unflat in dem Verlies; **Ü** (gehoben abwertend:) die Presse schüttete Unflat auf ihn.

un|ge|ro|chen ‹Adjektiv› (scherzhaft): *ungerächt:* das darf nicht ungerochen bleiben.

un|ge|säumt [auch: ...ˈzɔy̯mt] ‹Adjektiv› [zu säumen < mittelhochdeutsch sūmic, althochdeutsch sūmig = nicht termingerecht ausführen]: *unverzüglich.*

Un|glimpf, der; -[e]s [mittelhochdeutsch ungelimpf, althochdeutsch ungelimfe, zu Glimpf = angemessenes Benehmen < mittelhochdeutsch g(e)limpf, althochdeutsch gilimpf, zu mittelhochdeutsch gelimpfen, althochdeutsch gilimpfen = etwas angemessen tun, rücksichtsvoll sein, ursprünglich = schlaff, locker sein]: *Schmach, Unrecht:* jemandem Unglimpf zufügen.

un|glimpf|lich ‹Adjektiv›: *ungerecht, kränkend.*

un|hei|lig ‹Adjektiv›: *nicht heilig; nicht gerade fromm, christlich:* ein unheiliges Leben führen.

Un|rast, der; -[e]s, -e: *Mensch, besonders Kind ohne innere Ruhe.*

Un|ter|schleif, der; -[e]s, -e [zu veraltet unterschleifen = betrügen, mittelhochdeutsch untersliefen] (landschaftlich): *Unterschlagung.*

un|ter|win|den, sich ‹starkes Verb; hat›: *sich entschließen, etwas zu übernehmen; sich daran wagen.*

un|vor|denk|lich ‹Adjektiv›: *sehr weit zurückliegend, sodass man gar nicht mehr so weit zurückdenken kann:* in unvordenklich fernen Tagen.

Un|zucht, die; - [mittelhochdeutsch, althochdeutsch unzuht]: *gegen die sittliche und moralische Norm verstoßendes Verhalten zur Befriedigung des Geschlechtstriebs:* widernatürliche Unzucht treiben; gewerbsmäßige Unzucht *(Prostitution).*

Ur|wald|mu|sik, die (abwertend): *wilde, als disharmonisch empfundene Musik.*

Us|taw [ʊsˈtaf], der; -[s], -s [russisch ustav]: *Statut, Gesetz, Reglement.*

U

V

Va|ters|bru|der, der: *Onkel väterlicherseits.*
Va|ters|schwes|ter, die: *Tante väterlicherseits.*
Vei|ge|lein, das; -s, -: *Veilchen (eine Blume).*
Ver|deut|schungs|wör|ter|buch, das: *Fremdwörterbuch.*
ver|don|nert ‹Adjektiv› [zu Donner] (umgangssprachlich): *erschrocken, verwirrt, bestürzt:* ganz verdonnert dastehen.
ver|ka|mi|so|len ‹schwaches Verb; hat› [zu Kamisol = Mieder, eng anliegende Jacke (bei Trachten); aus französisch camisole < provenzalisch camisola = Verkleinerungsform von: camisa < italienisch camicia < spätlateinisch camis(i)a = langes Unterhemd] (umgangssprachlich): *verprügeln.*
ver|ma|le|deit ‹Adjektiv›: *unangenehm, ärgerlich, verflixt, verflucht.*

vermaledeit

»Verflixt«, »verflucht« – das sagen wir heute, wenn wir zum Ausdruck bringen wollen, was ehedem vermaledeit hieß. Vielleicht bieten sich diese Wörter zum Fluchen besser an, weil sie mit ihren härteren Konsonanten jener Wut und jenem Ärger durch Lautmalerei (oder Lautschreierei?) Luft verschaffen, der sich zwangsläufig ergibt, wenn eine Alltagstätigkeit nicht so glatt verläuft, wie man es gewohnt ist und daher mit Fug erwarten darf.
Der Wortgeschichte nach liegt über allem ein Fluch, eine Verwünschung: Das Wort »verflucht« verrät dies unmittelbar, das »verflixt« will beschämt verbergen, dass es eine umgangssprachliche Entstellung des Ersteren ist. Und das »vermaledeit« verhüllt seine Beziehung zum Fluch nur denjenigen, die des Lateinischen nicht hinreichend mächtig sind: Es ist gebildet zum lateinischen maledicere, was so viel bedeutet wie Böses sagen – verwünschen eben oder verfluchen.

Ver|ma|le|dei|ung, die; -, -en [mittelhochdeutsch vermaledīunge]: *das Vermaledeien.*

ver|schimp|fie|ren ‹schwaches Verb; hat›: *beschimpfen, verunglimpfen.*

ver|stat|ten ‹schwaches Verb; hat›: *gestatten.*

ver|stie|ben ‹starkes, auch (besonders im Präteritum) schwaches Verb; ist› [mittelhochdeutsch verstieben] (gehoben): *zerstieben und wegfliegen:* ein Windstoß ließ den Schnee verstieben; Ü ihre Erinnerung daran war verstoben.

ver|süh|nen ‹schwaches Verb; hat›: *versöhnen.*

ver|to|ba|ken ‹schwaches Verb; hat› [Herkunft ungeklärt] (umgangssprachlich): *heftig verprügeln.*

ver|we|sen ‹schwaches Verb; hat› [mittelhochdeutsch verwesen, althochdeutsch firwesan = jemandes Stelle vertreten, zu mittelhochdeutsch wesen, althochdeutsch wesan]: *(als Verweser) verwalten.*

ver|wi|chen ‹Adjektiv› [zu veraltet verweichen = weichen]: *vergangen, vorig; verflossen:* im verwichenen Jahr.

vier|fäl|tig ‹Adjektiv› [mittelhochdeutsch vierveltec, -valtec]: *vierfach.*

Vik|tu|a|li|en|hand|lung, die: *Lebensmittelgeschäft.*

Vil|leg|gia|tur [vɪlɛdʒaˈtuːɐ̯], die; -, -en [italienisch villeggiatura, zu: villeggiare = in der Sommerfrische sein, zu: villa = Landhaus, Landgut, Villa]: *Aufenthalt, Urlaub auf dem Land.*

Vi|zi|nal|bahn, die: *Kleinbahn.*

Vi|zi|nal|weg, der: *Verbindungsweg zwischen zwei Orten; Nebenweg (im Gegensatz zur Hauptstraße).*

Vogue [voːk, französisch: vɔg], die; - [französisch vogue] (bildungssprachlich): *Ansehen, Beliebtheit.*

Vor|dern ‹Plural›: *Vorfahren, Ahnen.*

Vor|führ|da|me, die: *Mannequin, Model.*

vor|züg|lich [auch: ˈfoːɐ̯...] ‹Adverb›: *hauptsächlich, vor allem, besonders:* ich wünsche dies vorzüglich, weil …

Vo|ta|ti|on, die; -, -en (bildungssprachlich): *Abstimmung.*

W

Wa|cke, die; -, -n [mittelhochdeutsch wacke, althochdeutsch wacko; Herkunft ungeklärt] (landschaftlich): *kleinerer [verwitternder] Gesteinsbrocken.*

wahr|lich ‹Adverb› [mittelhochdeutsch wærlich, althochdeutsch wārlīh] (gehoben): bekräftigt eine Aussage; *in der Tat; wirklich:* die Sache ist wahrlich nicht einfach.

Wa|li|de, die; -, -s [türkisch valide = Mutter, wohl zu arabisch walada = gebären, erzeugen]: *Titel der Mutter des regierenden türkischen Sultans.*

Wal|ler, der; -s, - [zu wallen = wallfahren]: *Wallfahrer.*

wal|ten ‹schwaches Verb; hat› [zu walten = gebieten, zu bestimmen haben, das Regiment führen]: *als wirkende Kraft o. Ä. vorhanden sein, herrschen:* in diesem Haus waltet ein guter Geist, Frieden, Harmonie; über dieser Sache waltet ein Unstern; hier haben rohe Kräfte gewaltet (sind rohe Kräfte am Werk gewesen); Gnade, Milde, Vernunft, Vorsicht walten lassen (seinem Handeln zugrunde legen).

Wan|del|mo|nat, Wan|del|mond, der: *April.*

Wan|del|stern, der: *Planet.*

Wan|gen|streich, der: *Ohrfeige.*

Weg|wurf, der ‹ohne Plural›: *etwas als wertlos, unbrauchbar Weggeworfenes:* alte Kleider, morsche Möbel und anderer Wegwurf.

Weibs|leu|te ‹Plural› (umgangssprachlich): *Frauen.*

Weib|stück, das (landschaftlich): *Frau, weibliche Person.*

weich|mü|tig ‹Adjektiv› (gehoben): *weichherzig.*

Wei|de|mo|nat, Wei|de|mond, der: *Mai.*

weid|lich ‹Adverb› [mittelhochdeutsch weide(n)lich, wahrscheinlich zu: weide(ne)n, althochdeutsch weid(an)ōn, demnach eigentlich = weidgerecht, dann = sehr, gehörig]: *in kaum zu übertreffendem Maße; sehr, gehörig:* eine Gelegenheit weidlich ausnutzen; sich weidlich über jemanden, etwas lustig machen.

Wei|gand, der; -[e]s, -e [mittelhochdeutsch, althochdeutsch wīgant, zu mittelhochdeutsch wīgen, althochdeutsch wīgan, zu weigern < mittelhochdeutsch weigeren, althochdeutsch weigarōn, zu mittelhochdeutsch weiger, althochdeutsch weigar = widerstrebend, tollkühn, zu mittelhochdeutsch wīgen, althochdeutsch wīgan = kämpfen, streiten]: *Kämpfer, Held.*

wei|land ⟨Adverb⟩ [mittelhochdeutsch wīlen(t), althochdeutsch wīlōn, eigentlich Dativ Plural von Weile]: *einst, früher:* wie weiland üblich; sein Urgroßvater, weiland General in der kaiserlichen Armee.

Wein|mo|nat, Wein|mond, der: *Oktober.*

Wei|ser, der; -s, - [zu weisen = zeigen]: *Uhrzeiger.*

Weiß|sucht, die ⟨ohne Plural⟩: *Albinismus.*

Weiß|zeug, das: *weiße Gewebe aus Leinen, Halbleinen oder Baumwolle, auch Chemiefasern, sowie die daraus gefertigten Textilien, vor allem Tisch- und Bettwäsche, auch Unterwäsche.*

Welt|weis|heit, die ⟨ohne Plural⟩ (Philosophie): *Philosophie.*

we|sen ⟨schwaches Verb; hat⟩ [mittelhochdeutsch wesen, althochdeutsch wesan = sein; sich aufhalten; dauern; geschehen, ursprünglich = verweilen, wohnen] (gehoben): *[als lebende Kraft] vorhanden sein.*

wes|sent|hal|ben ⟨Interrogativadverb⟩: *weshalb.*

wes|sent|we|gen ⟨Interrogativadverb⟩: *weswegen.*

Wet|ter|glas, das: *Barometer.*

Wi|ckel|kind, das: *Kind, das noch gewickelt wird; Baby.*

wi|der|säs|sig ⟨Adjektiv⟩: *aufsässig.*

[1]wie|fern ⟨Adverb⟩: *inwiefern.*

[2]wie|fern ⟨Konjunktion⟩: *sofern, wenn.*

Wild|bad, das: *Thermalbad.*

W

Wịld|schur, die; -, -en [polnisch wilczura = Wolfspelz, volksetymologisch angelehnt an Wild und Schur]: *schwerer [Herren]pelzmantel.*

Wind|beu|te|lei, die; -, -en (abwertend): *leichtfertiges, wenig verantwortungsvolles Handeln.*

Wịnd|blu|se, die: *Windjacke in der Form eines Blousons.*

Wịn|ter|mond, der ‹ohne Plural›: *Wintermonat (Dezember, auch Januar und November).*

Wịt|mann, der; -[e]s, ...männer: *Witwer.*

Wịtz, der; -es ‹ohne Plural› [mittelhochdeutsch witz(e), althochdeutsch wizzī, ursprünglich = Wissen]: *Gabe, sich geistreich zu äußern; Klugheit; Findigkeit; Scharfsinn, Verstand; Einsicht.*

Witz

Wer gewitzt ist, muss keineswegs auch die Neigung haben, Witze zu erzählen, aber er muss **Witz** haben. Und zwar im Sinne von Klugheit, Findigkeit, Scharfsinn, Geist, Verstand, Kenntnis, Wissen und Einsicht. Diese Bedeutung hatte der Witz bis weit ins 19. Jahrhundert, bis sich nach und nach jene in den Vordergrund schob, an die wir heute zuerst denken: den Scherz oder die knappe Erzählung mit humorvoller Pointe.
Der Mutterwitz jedoch und der Aberwitz, das Vor-, das Irr- und das Wahnwitzige ebenso wie das Witzlose sind nur zu verstehen, wenn man vom Humoristischen absieht und das (mangelnde) Geistreiche darin erkennt.

Wọ|chen|stu|be, die: *Raum, in dem sich eine Wöchnerin aufhält.*

Wọn|ne|mo|nat, Wọn|ne|mond (scherzhaft), der [frühneuhochdeutsch Erneuerung von althochdeutsch winnimānōd = Weidemonat; althochdeutsch winne = Weide(platz), schon in althochdeutscher Zeit umgedeutet zu wunnia (Wonne, ursprünglich = Verlangen, Lust, Genuss, Freude, dann: etwas, was Genuss, Freude bereitet)]: *Mai.*

Z

Zär|te, die; -: *Zartheit.*

Za|sel, die; -, -n [wohl eigentlich = die Gezupfte] (landschaftlich): *Faser.*

Za|ser, die; -, -n (landschaftlich): *Faser.*

Zeh|rung, die; -, -en ‹Plural selten› [mittelhochdeutsch zerunge]: *etwas zum Essen, besonders auf einer Reise.*

zei|deln ‹schwaches Verb; hat›: *(Honigwaben) aus dem Bienenstock herausschneiden:* die mit Honig gefüllten Waben zeideln.

Zeid|ler, der; -s, - [mittelhochdeutsch zīdelære, althochdeutsch zīdalāri, zu mittelhochdeutsch zīdel-, althochdeutsch zīdal- = Honig-]: *Imker.*

zeit|her ‹Adverb› (mundartlich): *seither.*

zeit|he|rig ‹Adjektiv› (landschaftlich): *seitherig.*

zer|sor|gen, sich ‹schwaches Verb; hat› (gehoben): *sich mit Sorgen quälen.*

Ze|ter|mor|dio, das; -s (umgangssprachlich): *Zetergeschrei:* * **Zetermordio schreien** (umgangssprachlich; *[im Verhältnis zum Anlass übermäßig] großes Geschrei erheben, lautstark protestieren*).

Zim|met, der; -s: *Zimt.*

Zucht, die; - ‹ohne Plural›: *[strenge] Erziehung, Disziplinierung:* eine eiserne Zucht ausüben; sie ist in strenger Zucht aufgewachsen *(hatte eine strenge Erziehung);* er hat den Jungen in strenge Zucht genommen *(hat ihn streng erzogen).*

Zu|cker|chen, das; -s, - (familiär): *Bonbon.*

Zu|cker|stein, der (landschaftlich): *Bonbon.*

Zu|cker|werk, das ‹ohne Plural›: *Anzahl Süßigkeiten.*

Zucht

Wo **Zucht** herrscht, da herrscht auch meistens Ordnung, da geht es züchtig zu, also keinesfall zünftig, aber gezüchtet wird da (jedenfalls im botanischen oder zoologischen Sinn) nichts. Die Zucht ist (beziehungsweise: war) die (Kinder-)Erziehung. Und weil die heute völlig anderen Regeln und Vorbildern folgt als ehedem, hat sich auch die Bezeichnung verändert. Zur Zucht zählte ganz selbstverständlich auch die körperliche Züchtigung, also das Prügeln oder Schlagen der Zöglinge – heute aufgefasst als (gesetzlich verbotene) Kindesmisshandlung.

Zu|cker|zeug, das ‹ohne Plural›: *Süßigkeiten.*
Zu|ge|mü|se, das; -s, -: *Gemüse als Beilage zum Fleisch.*